Der praktische Methodenkoffer für Pädagogen

Lisa-Marie Janz

Der praktische Methodenkoffer für Pädagogen

Praktische Ansätze für den pädagogischen Alltag

 Springer VS

Lisa-Marie Janz
Schwerin, Deutschland

ISBN 978-3-658-48377-7   ISBN 978-3-658-48378-4   (eBook)
https://doi.org/10.1007/978-3-658-48378-4

Die Deutsche Nationalbibliothek verzeichnet diese Publikation in der Deutschen Nationalbibliografie; detaillierte bibliografische Daten sind im Internet über https://portal.dnb.de abrufbar.

Springer VS ist ein Imprint der eingetragenen Gesellschaft Springer Fachmedien Wiesbaden GmbH und ist ein Teil von Springer Nature.
Die Anschrift der Gesellschaft ist: Abraham-Lincoln-Str. 46, 65189 Wiesbaden, Germany

Wenn Sie dieses Produkt entsorgen, geben Sie das Papier bitte zum Recycling.

Im Angedenken an E.H., J.H. und B.B.
Ich denke, Euch hätte meine
Zielstrebigkeit und dieses Buch gefallen.

Geleitwort

„Der praktische Methodenkoffer" kombiniert erstmals die Wirksamkeit von Metaphern mit leicht umsetzbaren Methoden und Techniken im pädagogischen und beratungsgeprägten Alltag. In einer Zeit, in der pädagogische Fachliteratur oft abstrakt und schwer zugänglich ist, setzt dieses Buch auf Anschaulichkeit, Authentizität und Leichtigkeit. Mit bildhaften Ansätzen und der Nutzung von Alltagsgegenständen wird eine neue Dimension der Gesprächsführung eröffnet – besonders dort, wo traditionelle und veraltete Methoden an ihre Grenzen stoßen können. Dabei steht die sofortige Anwendbarkeit im Fokus: Alle Inhalte sind so gestaltet, dass sie ohne lange Vorbereitung in die tägliche Arbeit integriert werden können.

Das Buch richtet sich nicht nur an Sozialpädagogen, Studierende oder Berufseinsteiger, sondern auch an Coaches, Berater und alle, die im sozialen Sektor arbeiten. Ob in der Jugendhilfe, im Coaching, in der Beratung oder in der Erwachsenenbildung – die Inhalte sind universell einsetzbar. Die vorgestellten Inhalte helfen dabei, Gespräche lebendiger zu gestalten, Lösungen zu fördern und Klienten dabei zu unterstützen, Herausforderungen eigenständig und langfristig zu bewältigen.

Vorwort

Bereits während meines dualen Studiums an der Berufsakademie Lüneburg entwickelte ich ein tiefgehendes Interesse für das Modul „Handlungsmethoden der sozialen Arbeit". Besonders durch meine studentische Arbeit in einer heilpädagogischen Jugendwohngruppe wurde mir bewusst, wie essenziell es ist, verschiedene Zugänge zu Kindern und Jugendlichen zu finden, um sie individuell zu erreichen und in ihrer Entwicklung bestmöglich zu unterstützen. Diese Erfahrung bestärkte meinen Wunsch, methodische Ansätze in der sozialen Arbeit bewusster und wirkungsvoller einzusetzen. Doch trotz meines Interesses stellte ich schnell fest, dass es in der Fachliteratur an gebündelten Informationen zu praktischen Übungen, Methoden und Beratungstechniken für die sozialpädagogische Praxis mangelte. Dies war für mich nicht nur ein fachliches Problem, sondern auch ein persönliches.

Während meines Studiums und in den ersten Jahren meiner beruflichen Laufbahn suchte ich oft nach einem Handbuch oder Nachschlagewerk, das mir helfen würde, mich vor geplanten Beratungsgesprächen mit Klienten und Klientinnen vorzubereiten. Quasi ein praktisches „Werkzeug für die Hosentasche", das mir helfen könnte, schnelle, zielführende Übungen oder passende Metaphern auszuwählen – etwas, das mir erlaubte, flexibel und schnell auf die Bedürfnisse der Klienten zu reagieren. Ich stellte mir immer wieder die Frage: *Wie kann ich Menschen so begleiten, dass sie in der Lage sind, neue Perspektiven zu gewinnen und selbst die nächsten Schritte in ihrem Leben zu gestalten?* Diese Frage begleitete mich nicht nur während meines Studiums, sondern zog sich auch als roter Faden durch meine bisherige berufliche Laufbahn. Sie war die treibende Kraft hinter

meiner Suche nach kreativen, flexiblen und vor allem wirksamen Methoden und
Techniken.

   In den Jahren, die ich in der praktischen Arbeit verbrachte, konnte ich dann
eine Vielzahl an Erfahrungen sammeln, die mir halfen, ein tieferes Verständnis
für die Bedürfnisse und Herausforderungen meiner Klienten zu entwickeln. Ich
begann, eigene Metaphern und Methoden zu entwickeln, die mir dabei halfen,
leichteren Zugang zu meinen Klienten zu finden und deren Sichtweisen und Problemlagen besser zu verstehen. Diese Methoden gaben mir auch die Möglichkeit,
den Prozess der Hilfe zur Selbsthilfe effektiver zu gestalten und den Klienten zu
helfen, Verantwortung für ihr eigenes Handeln zu übernehmen.

   Ein besonders wichtiger Aspekt, den ich in meiner Arbeit als Sozialpädagogin
und während der Zeit des Studiums in der Kinder- und Jugendarbeit erkannte,
war die Bedeutung einer klaren und bildhaften Sprache. Gerade in der Arbeit
mit Kindern und Jugendlichen erlebte ich immer wieder, wie schwierig es sein
kann, in einem direkten Eins-zu-eins-Gespräch Zugang zu ihren inneren Welten zu bekommen. Diese Zielgruppe, die oft mit zahlreichen persönlichen und
familiären Belastungen zu kämpfen hat, fühlt sich häufig unwohl dabei, sich in
traditionellen Gesprächen zu öffnen. Daher stellte sich für mich die Frage: *Wie
kann ich einen sicheren Raum schaffen, in dem sich die Klienten öffnen können und
bereit sind, sich mit ihren Herausforderungen auseinanderzusetzen?* Ich fand, dass
eine bildhafte Sprache und die Nutzung von Werkzeugen wie Figuren, Knete oder
sogar alltäglichen Objekten es mir ermöglichten, eine viel tiefere Verbindung zu
den Klienten aufzubauen. Diese Materialien schaffen nicht nur eine spielerische
Ebene, sondern bieten auch eine Form der Nonverbalität, die es den Klienten
erleichtert, ihre Gedanken und Gefühle auszudrücken, ohne sich dabei überwältigt
oder gar unwohl zu fühlen.

   In meiner Arbeit begegnete ich immer wieder Jugendlichen, die anfangs
verschlossen und zurückhaltend waren. Ihre Lebensgeschichten waren oft von
belastenden Erfahrungen geprägt, die dazu führten, dass sie eine Mauer um sich
herum errichteten, die nur schwer zu überwinden war. Ich habe gelernt, dass es
nicht reicht, auf Empathie und Fachkenntnisse allein zu vertrauen – es braucht
kreative und flexible Werkzeuge, um diese Barrieren zu durchbrechen und langfristiges Vertrauen aufzubauen. Durch den gezielten Einsatz von Methoden und
Materialien, die an die Lebenswelt der Klienten angepasst sind, gelang es mir,
neue Gesprächsebenen zu schaffen und die Klienten dazu zu motivieren, sich auf
den gemeinsamen Prozess einzulassen. Die Arbeit mit Objekten oder Symbolen
eröffnete eine neue Dimension der Kommunikation und half, die oft blockierten
Emotionen und Gedanken der Klienten zu verarbeiten.

In dieser Reflexion über meine Erfahrungen wurde mir klar, dass es oft nicht nur um die Methoden selbst geht, sondern auch um die Haltung der Fachkraft, die diese Methoden anwendet. In meiner Praxis stellte ich fest, dass es nicht die einzelnen Techniken sind, die letztlich den größten Einfluss auf den Klienten haben, sondern die Bereitschaft der Fachkraft, sich auf den Klienten als Individuum einzulassen. Es ist die Fähigkeit, zuzuhören, das Gefühl der Wertschätzung und das Vertrauen, das im Laufe der Zeit aufgebaut wird. Aus diesem Grund habe ich mich entschlossen, dieses Nachschlagewerk zu erstellen – nicht als theoretisches Handbuch, sondern als praktische Stütze für Fachkräfte, die auf der Suche nach kreativen Wegen sind, Gespräche aufzulockern, Perspektiven zu erweitern und den Prozess der Hilfe zur Selbsthilfe zu fördern.

Die vorgestellten Inhalte, die ich in diesem Buch beschreibe, stammen aus der Praxis. Sie wurden gesammelt, erprobt, und oftmals erfolgreich angewendet. Einige dieser Methoden sind durch die Anwendung in den Praxismodulen meines Studiums inspiriert, andere basieren auf persönlichen Erfahrungen, Empfehlungen und eigenen Ansätzen, die ich im Laufe der Jahre entwickelt habe. Dabei möchte ich klarstellen, dass diese Inhalte nicht als feste Rezepte verstanden werden sollten, sondern als Werkzeuge, die mit Flexibilität und Kreativität in der Arbeit mit Klienten eingesetzt werden können. Sie bieten einen hilfreichen Einstieg, um Gespräche anzustoßen, innere Blockaden zu überwinden und Klienten zu ermutigen, eine aktivere und selbstbestimmtere Rolle in ihrem eigenen Entwicklungsprozess einzunehmen.

Ein weiterer wichtiger Aspekt meiner Arbeit, den ich in diesem Buch ansprechen möchte, ist meine derzeitige Tätigkeit in der 12-monatigen Berufsvorbereitungs-Maßnahme, in der ich Jugendliche betreue, die den Übergang ins Berufsleben aufgrund verschiedener Lebensumstände verpasst haben. Die Herausforderungen, vor denen diese Jugendlichen stehen, sind vielfältig und reichen von Drogenmissbrauch und Gefängnisaufenthalten bis hin zu einem völligen Mangel an Wissen über mögliche Ausbildungsberufe. Die Jugendlichen sind oft in einem Umfeld aufgewachsen, das von Instabilität, Armut oder Gewalt geprägt ist. Diese äußeren Umstände wirken sich nicht nur auf ihr Verhalten aus, sondern auch auf ihre Fähigkeit, sich in eine zukunftsorientierte, positive Richtung zu entwickeln. Die (familiären) Belastungen, die in vielen dieser Jugendlichen lasten, sind oft der Grund für die Entwicklung von Verhaltensweisen, die nicht den gesellschaftlichen Normen entsprechen. In solchen Kontexten erleben Jugendliche häufig eine tiefe Orientierungslosigkeit, die sich in Frustration, Ablehnung gegenüber sozialen Institutionen wie Schule oder Arbeit und einem Mangel an Motivation äußert. Für mich als Sozialpädagogin bedeutet das, dass der Weg zu nachhaltigen Veränderungen oft lang und mit Rückschlägen behaftet ist. Doch genau hier, in diesem schwierigen Umfeld, wurde mir einmal mehr bewusst, wie wichtig es ist, den Klienten zuzuhören und ihre Perspektive ernst zu nehmen. Durch den Aufbau von Vertrauen, die Anwendung kreativer Methoden und die Förderung von Selbstreflexion ist es oft gelungen, den Jugendlichen neue Perspektiven zu eröffnen und sie zur Eigeninitiative zu ermutigen.

Diese Methoden und Metaphern, die ich in diesem Buch vorstelle, funktionieren nicht nur in der Arbeit mit Kindern und Jugendlichen. Sie sind vielmehr universell anwendbar und können in der Arbeit mit Menschen aus den unterschiedlichsten sozialen Kontexten und Milieus eingesetzt werden. Egal, ob es um die Unterstützung von Jugendlichen in schwierigen Lebenssituationen geht oder um die Begleitung von Erwachsenen auf dem Weg zu persönlicher Weiterentwicklung – die Prinzipien der offenen Kommunikation, der kreativen Methoden und der Hilfe zur Selbsthilfe sind in jeder sozialen Arbeit von grundlegender Bedeutung.

Ich wünsche dir nun viel Freude beim Erkunden meines Methodenkoffers und hoffe, dass du einige der beschriebenen Ansätze in deiner eigenen Arbeit umsetzen kannst. Möge dieses Buch dir dabei helfen, neue Perspektiven zu entdecken, kreative Lösungen zu entwickeln und deine Klienten auf ihrem Weg zu begleiten. Denn jeder Mensch hat das Potenzial, aus sich selbst heraus zu wachsen – manchmal braucht es nur einen kleinen Anstoß.

                                                                    Lisa-Marie Janz

Danksagung Dieses Buch wäre ohne die Unterstützung, Inspiration und Begleitung vieler Menschen nicht entstanden. Mein besonderer Dank gilt der Berufsakademie Lüneburg, die mir während meiner damaligen Studienzeit wertvolle Einblicke in praxisorientierte Ansätze ermöglicht hat.

Ein herzliches Dankeschön an Frau Dr. Renner, deren praxisnahe Module nicht nur meine ersten Erfahrungen mit Methoden, Metaphern und der Nutzung von Alltagsgegenständen ermöglichten, sondern auch mein Interesse an praktischer sozialer Arbeit geweckt haben. Durch die kreativen vermittelten Inhalte pflanzte sie den Samen in mir, mich intensiver mit praktischen Handlungsmethoden zu beschäftigen – ein Interesse, das mich bis heute begleitet und letztlich zur Idee dieses Buches geführt hat.

Ebenso danke ich Herrn Dr. Sikkenga. Sein trockener und oft unerwarteter Humor, den er gerne mit seinem ‚*immer so*' einstreute, hat stets für ein Lächeln gesorgt und den Unterricht auf eine angenehme Weise belebt. Besonders seine Fähigkeit, auch trockene Modulinhalte durch spielerische Methoden lebendig und greifbar zu machen, hat mir oft geholfen – nicht nur während des Studiums, sondern auch in meinen ersten Jahren der Berufspraxis. Einige seiner ‚spielerischen' Lernmethoden habe ich im Unterrichtsgeschehen meiner bisherigen beruflichen Laufbahn selbst anwenden können und konnte dadurch einen nachhaltigen Lernerfolg bei meinen Teilnehmenden erzielen.

In besonderem Gedenken erwähne ich Prof. Dr. von Saldern, der mit seiner einzigartigen Mischung aus Fachwissen, Humor und Feingefühl jeden Unterricht bereicherte. Es gelang ihm auf beeindruckende Weise, aus seinem breiten Portfolio Motivation und Techniken zu vermitteln, die weit über das Studium hinaus nachwirken. Zudem hatte ich das große Glück, ihn als Tutor während meiner Bachelorarbeit an meiner Seite zu wissen. Trotz der kaum vorhandenen Literatur und Vergleichsarbeiten widmete er sich meinem fachspezifischen Thema mit neugierigen, fast kindlichen Augen. Seine Offenheit und Begeisterung ermutigten mich, mich einer besonderen wissenschaftlichen Fragestellung zu widmen und sie mit Überzeugung auszuarbeiten. Durch seinen Witz und Charme nahm er mir nicht nur während des Schreibprozesses die Unsicherheiten, sondern schaffte es auch, mir während der Verteidigung die Angst zu nehmen, sodass ich diesen wichtigen Schritt mit mehr Gelassenheit und Selbstvertrauen gehen konnte.

Ein weiterer Dank gilt zudem meiner Familie. Eure Unterstützung, euer Zuspruch und euer Vertrauen in meine Ideen haben mich stets ermutigt, eingeschlagene Wege weiterzugehen. Besonders dankbar bin ich dafür, dass ihr mir meine Ideen – so kurios sie auch waren – nie ausgeredet habt, sondern ich immer auf offenen Austausch und Zuspruch gestoßen bin. Das hat mir die Freiheit gegeben, stets kreativ zu denken und meinen eigenen Weg zu gehen. Ohne euch wäre dieses Buch ebenfalls nicht möglich gewesen.

Interessenkonflikte Der/die Autor*in hat keine für den Inhalt dieses Manuskripts relevanten Interessenkonflikte.

Inhaltsverzeichnis

Über die Autorin

Lisa-Marie Janz
wurde 1994 in Schwerin geboren. Schon als Kind
hatte sie den Traum, Kinderärztin oder Polizistin zu
werden – Berufe, die ihr ermöglicht hätten, anderen
zu helfen. Nach dem Abitur begann sie eine Ausbildung zur Gesundheits- und Krankenpflegerin. Im
Anschluss richtete sie ihre berufliche Laufbahn neu
aus. Sie wählte den Weg der Sozialen Arbeit und
entdeckte dabei neue Perspektiven für sich selbst
und ihre Zukunft. Im Rahmen ihres dualen Studiums
sammelte sie wertvolle praktische Erfahrungen in
einer heilpädagogischen Jugendwohngruppe. Diese
Zeit war prägend, und sie entdeckte ihre Leidenschaft für die Arbeit mit Jugendlichen. Sie wollte
jungen Menschen helfen, ihre persönlichen Herausforderungen zu meistern und ihnen Perspektiven für
eine bessere Zukunft eröffnen. Nach dem Studium
kehrte sie in ihre Heimatstadt zurück und arbeitet
seit dem als Sozialpädagogin in der Berufsvorberei-
tung. In dieser Funktion unterstützt sie Jugendliche,
die teilweise ohne Schulabschluss eine Ausbildung
anstreben, dabei, innerhalb von 12 Monaten sowohl
ihren Abschluss zu erlangen als auch eine passende

Ausbildungsstelle zu finden. Abseits ihrer beruflichen Tätigkeit sucht Lisa Ausgleich in der Natur. Sie liebt Wanderungen und nimmt regelmäßig am sogenannten „Heldenmarsch" teil – Langstreckenwanderungen, die sie durch ihre Heimat führen. Doch sie hat nicht nur eine tiefe Leidenschaft für ihre Profession, sondern auch eine kreative Ader, die sie immer wieder zu neuen Projekten antreibt. Während ihres Studiums betreute sie beispielsweise den Social-Media Kanal eines bekannten Unternehmens aus Hannover und baute parallel dazu ihren eigenen YouTube Kanal sowie, einige Jahre später, einen Podcast auf. Diese Erfahrungen erweiterten ihre digitalen und kreativen Fähigkeiten und ermöglichten es ihr, ihre Energien aufzutanken. Besonders die Auseinandersetzung mit psychologischen Themen in Büchern hilft ihr, in ihrer Arbeit als Sozialpädagogin noch einfühlsamer und besser auf die Bedürfnisse der Jugendlichen einzugehen. Ihre Vielseitigkeit zeigt sich nicht nur in der Arbeit mit Jugendlichen, sondern auch in ihrer Fähigkeit, verschiedene kreative Projekte erfolgreich umzusetzen. Diese Kombination aus sozialer Kompetenz und kreativen Fähigkeiten macht sie zu einer Persönlichkeit. Stillstand, den gibt es für sie nicht.

Methoden

1

Zusammenfassung

In diesem ersten Kapitel geht es um die Kraft der pädagogischen Methoden – erprobte Ansätze, die den Weg zur persönlichen und sozialen Entwicklung von Klienten ebnen. Diese Methoden sind mehr als Werkzeuge; sie sind Schlüssel, die Türen zu neuen Möglichkeiten öffnen. Sie sind auf die individuellen Bedürfnisse abgestimmt und bieten kreative Lösungen für die unterschiedlichsten Problemlagen. Dabei geht es nicht nur um Wissensvermittlung, sondern auch um einen emotionalen Zugang, der den Klienten hilft, Blockaden zu überwinden. Die Symbolik hinter den Methoden wird erklärt, um zu zeigen, wie sie tiefere Erkenntnisse fördern und komplexe Themen greifbar machen können. Besonders in der Arbeit mit Jugendlichen wird aufgezeigt, wie interaktive und kreative Methoden das Lernen lebendig und motivierend gestalten. Es geht um mehr als Wissen: Die Klienten entwickeln Selbstbewusstsein, soziale Fähigkeiten und lernen, ihre eigenen Probleme selbstständig zu lösen. Dieses Kapitel lädt ein, eine breite Palette an Methoden zu entdecken, die Klienten dabei unterstützen, ihre Herausforderungen zu meistern und über sich hinauszuwachsen.

Ergänzende Information Die elektronische Version dieses Kapitels enthält Zusatzmaterial, auf das über folgenden Link zugegriffen werden kann https://doi.org/10.1007/978-3-658-48378-4_1.

1.1   Methoden in der pädagogischen Arbeit

Methoden in der pädagogischen Arbeit sind gezielte, systematische Ansätze, die darauf abzielen, Entwicklungs- und Lernprozesse bei Klienten zu fördern. Sie folgen einer klaren Struktur, orientieren sich an konkreten Zielen und setzen auf bewährte Vorgehensweisen. Ähnlich wie ein Extremsportler, der mit Wissen, Training und der richtigen Ausrüstung eine Bergspitze erklimmt, erfordert auch der methodische Ansatz in der Pädagogik eine gute Vorbereitung und eine klare Zielsetzung. Dabei bleibt der Prozess meist kognitiv und strukturiert, wodurch Klienten neue Handlungsmöglichkeiten erlernen und ihre Problemlösungsfähigkeiten erweitern können. Dabei können kleine Hilfsmittel, wie etwa der Einsatz von konzipierten Arbeitsblättern, spezielle Fragestellungen oder das Abarbeiten von Aufgaben unterstützend sein. Während einige methodische Ansätze stark auf Reflexion und strukturierte Erkenntnisgewinnung setzen, gibt es auch Techniken, die das Erleben stärker einbeziehen. Diese ermöglichen es, abstrakte Themen auf eine greifbare Weise erfahrbar zu machen, indem sie verschiedene Sinne ansprechen und symbolische Elemente nutzen. Beispielsweise können Objekte, Metaphern oder interaktive Aufgaben eingesetzt werden, um Lernprozesse lebendiger zu gestalten. Solche Techniken können dazu beitragen, dass Erkenntnisse nicht nur rational verstanden, sondern auch emotional verankert werden. Dazu mehr im Kap. 3.

Auch Methoden wie Meditation können in der pädagogischen Arbeit gezielt eingesetzt werden. Meditation kann beispielsweise helfen, Konflikte zu bewältigen, indem sie zur inneren Ruhe und Reflexion beiträgt. Durch bewusstes Atmen und gezielte Achtsamkeitsübungen lernen Klienten, ihre Emotionen zu regulieren und einen klareren Blick auf herausfordernde Situationen zu gewinnen.

Durch den gezielten Einsatz passender Methoden kann auf die spezifischen Bedürfnisse, Lebenslagen und Fähigkeiten der Klienten eingegangen werden. Methoden aus der sozialen Beratung helfen dabei, Gefühle zu verarbeiten, Stress zu bewältigen und soziale Beziehungen zu stärken. Partizipative Methoden ermöglichen es den Klienten, aktiv an der Lösung ihrer Probleme mitzuwirken und ihre Perspektiven in den Prozess einzubringen. Dies fördert nicht nur die Eigenverantwortung, sondern auch die Nutzung eigener Ressourcen, um Probleme langfristig eigenständig lösen zu können.

Die positiven Effekte von Methoden in der Arbeit mit Klienten, besonders mit Jugendlichen, sind vielfältig. Sie schaffen einen sicheren Raum, in dem Klienten neue Erfahrungen machen und ihre Fähigkeiten erweitern können. Besonders in der Arbeit mit jungen Menschen können kreative Ansätze wie Rollenspiele, Kunst- oder Bewegungstherapie dazu beitragen, das eigene Verhalten zu reflektieren und effektive Lösungsansätze zu entwickeln. Darüber hinaus fördern solche Methoden soziale Kompetenzen, indem sie die Kommunikationsfähigkeit, Empathie und Zusammenarbeit stärken. Jugendliche lernen, ihre Bedürfnisse klar auszudrücken, auf andere einzugehen und Konflikte auf respektvolle Weise zu lösen.

Darüber hinaus helfen Methoden dabei, Selbstbewusstsein und Resilienz aufzubauen. Indem Klienten aktiv in den Gestaltungsprozess einbezogen werden, erleben sie, dass ihre Entscheidungen und Handlungen eine Wirkung haben. Dies stärkt das Gefühl von Selbstwirksamkeit und ermutigt dazu, Herausforderungen mit mehr Zuversicht anzugehen. Besonders in schwierigen Lebensphasen können gezielt eingesetzte Methoden Orientierung bieten und helfen, belastende Erfahrungen besser zu verarbeiten.

Pädagogische Methoden sind darauf ausgerichtet, eine nachhaltige Entwicklung zu unterstützen. Sie helfen dabei, Wissen strukturiert zu vermitteln, Reflexion anzuregen und Handlungsoptionen aufzuzeigen. Durch ihre gezielte Anwendung entsteht ein bewusster Lernprozess, der Klienten befähigt, Herausforderungen eigenständig zu bewältigen und neue Perspektiven zu entwickeln. Ein gut gewähltes methodisches Vorgehen fördert nicht nur das Verständnis, sondern kann auch durch gezielte Erlebnisse zu tiefgehenden Aha-Effekten führen, die das Gelernte langfristig im Bewusstsein verankern.

1.1.1 Die Wasserglas Methode

Die Wasserglas Methode
Steht als Symbol für das Zerdenken von Problemen.
  Zerdenkt dein Klient ständig seine Gedanken? Fängt er an, sich in endlosen Gedankenschleifen zu verlieren und kann einfach nicht aufhören zu grübeln? Dann zeige ihm auf eine anschauliche und symbolische Weise, wie diese negativen Gedankenkreise die Psyche belasten können. Ein kraftvolles Beispiel ist die Verwendung eines einfachen Glases mit Wasser.

Stell dir vor, du hältst ein Glas mit Wasser in der Hand. Wenn du es nur für eine Minute hältst, wirst du keinen Schmerz spüren. Es fühlt sich leicht an. Doch wenn du das Glas für eine Stunde hältst, wird der Arm beginnen zu schmerzen. Der Schmerz nimmt zu, je länger du es hältst. Und wenn du versuchst, dieses Glas einen ganzen Tag lang zu halten, wird dein Arm taub und gelähmt sein – auch wenn das Gewicht des Glases selbst sich nicht verändert hat. Der Schmerz entsteht nicht durch das Glas an sich, sondern durch die Dauer, mit der du es hältst.
  Ähnlich verhält es sich mit den Gedanken eines Klienten, besonders mit Sorgen, Ängsten und Stress. Wenn er nur kurz über ein Problem nachdenkt, passiert nichts. Doch je länger er darüber grübelt, desto stärker wird die emotionale Belastung, bis es fast unerträglich wird. Dies macht deutlich, wie sich negative Gedanken durch anhaltendes Grübeln zunehmend verstärken können – und wie wichtig es ist, diese „Gedankenlast" abzulegen, bevor sie unerträglich wird.

1.1.2 Die Garten Methode

Steht als Symbol für das Auseinandersetzen mit Emotionen

Die Beratung muss nicht zwingend in einem Büro oder einem traditionellen Beratungsraum stattfinden. Eine ebenso wertvolle Möglichkeit bietet sich durch die Arbeit in einem imaginären „Garten". Diese Methode mag zunächst ungewöhnlich klingen, doch sie kann tatsächlich sehr effektiv sein. Gärten sind schon seit jeher Orte der Ruhe und Erneuerung. Der Aufenthalt im Freien hat nachweislich positive Auswirkungen auf das Wohlbefinden, indem er dabei hilft, Stress abzubauen und die allgemeine Lebensqualität zu steigern. Das Wachsen und Gedeihen von Pflanzen vermittelt ein Gefühl von Erfolg und Zufriedenheit, das das Selbstwertgefühl stärkt. Diese natürliche Methode lässt sich wunderbar auf die Arbeit mit Klienten übertragen, da sie die Möglichkeit bietet, komplexe Themen auf eine kreative und spielerische Weise zu bearbeiten.

Die Methode des imaginären Gartens nutzt die positiven Assoziationen, die viele Menschen mit Natur und Pflanzen verbinden. Sie fördert eine offene und entspannte Gesprächsatmosphäre, in der Klienten ohne Druck über ihre Probleme nachdenken können. Anstatt direkt mit einem Thema zu beginnen, das möglicherweise unangenehm oder schwer zu fassen ist, wird der Klient eingeladen, sich vorzustellen, er würde einen Garten pflegen. Der Garten wird dabei als Metapher für das eigene Leben verwendet. Mit Fragen wie *„Welche Bereiche in deinem Leben benötigen besondere Pflege? Welche ‚Pflanzen‘ wachsen bei dir gut, und welche brauchen vielleicht mehr Aufmerksamkeit?"* wird der Klient angeregt, nachzudenken und die Herausforderungen in seinem Leben auf kreative Weise zu betrachten.

Die Methode bietet dem Klienten die Möglichkeit, aktuelle Probleme zu reflektieren, indem er sie mit dem Wachstum von Pflanzen vergleicht. So können Themen wie das Entwickeln von Zielen, die Überwindung von Hindernissen oder auch das Loslassen von Belastungen (bspw. symbolisiert durch „Unkraut") in einem sichereren, weniger belastenden Rahmen bearbeitet werden. Fragen wie *„Was bereitet dir Freude? Welche Teile deines Lebens laufen gut, und was möchtest du verändern?"* eröffnen neue Perspektiven und können helfen, Lösungen zu finden, ohne sich direkt mit den schwierigen Aspekten der eigenen Situation auseinanderzusetzen.

Besonders bei Jugendlichen oder Klienten, die Schwierigkeiten haben, sich zu öffnen oder über ihre Probleme zu sprechen, kann diese Methode von Vorteil sein. Sie ermöglicht es, auf indirekte Weise mit emotionalen oder schwierigen Themen umzugehen und fördert gleichzeitig das Vertrauen zwischen Berater und Klient.

Diese Methode ist nicht nur hilfreich, um den Einstieg in das Gespräch zu erleichtern, sondern fördert auch die Eigenreflexion. Klienten können durch den Vergleich ihres Lebens mit einem Garten neue Einsichten gewinnen und die Kontrolle über bestimmte Lebensbereiche zurückgewinnen. Das Bild des Gartens hilft, den Fokus auf das Positive zu lenken und gleichzeitig realistische Wege zur Verbesserung oder Veränderung zu finden. Außerdem stärkt diese Methode das Selbstbewusstsein und fördert die Entwicklung von Lösungen, die individuell an den Klienten und seine Lebenssituation angepasst sind.

Durch die Kombination von Kreativität, Metaphern und Achtsamkeit bietet der „Garten" einen sicheren Raum für Selbstreflexion und persönliches Wachstum. Diese Methode ist besonders nützlich für Klienten, die auf kreative oder unkonventionelle Weise Zugang zu ihren inneren Ressourcen finden wollen und gleichzeitig ihre emotionale Resilienz stärken möchten.

1.1.3 Die Kaffeebohnen Methode

Steht als Symbol für die Achtsamkeit und Wahrnehmung

Wenn es deinem Klienten schwerfällt, positive Erlebnisse in seinem Alltag wahrzunehmen, kannst du ihm eine einfache, aber wirkungsvolle Übung vorschlagen:

Morgens legt er sich zehn Kaffeebohnen in die rechte Hosentasche. Die Aufgabe ist, im Laufe des Tages bei jedem kleinen positiven Moment, den er wahrnimmt, eine Kaffeebohne von der rechten in die linke Hosentasche zu wechseln. Es spielt keine Rolle, wie groß oder klein das Erlebnis ist – es kann ein freundliches Lächeln auf der Straße sein, ein kleiner Erfolg im Alltag, der Duft von frischen Blumen oder das Zwitschern der Vögel im Park. Jeder dieser Momente zählt und ist es wert, durch eine Kaffeebohne in der Tasche festgehalten zu werden. Auch wenn der Tag anstrengend sein mag, kann dein Klient so Stück für Stück die kleinen Freuden erkennen und bewusst erleben. Am Ende des Tages kann er in seine linke Hosentasche greifen und zählen, wie viele positive Momente er gesammelt hat. Er wird überrascht sein, wie viele kleine Freuden sich über den Tag verteilt angesammelt haben, selbst wenn er am Morgen nicht damit gerechnet hätte.

Diese Übung kann helfen, den Blick für das Positive im Alltag zu schärfen und ein Gefühl der Dankbarkeit und Zufriedenheit zu fördern.

1.1.4 Die walk and talk Methode

Steht als Symbol für einen erleichterten Gesprächseinstieg

Gerade neuen Klienten fällt es oft schwer, dem Fachpersonal zu vertrauen und persönliche Einblicke in ihre Psyche, ihre Probleme oder ihre aktuelle Lebenssituation zu gewähren. Viele empfinden es als unangenehm, sich von Anfang an zu öffnen, insbesondere in einem formellen Setting, das die Distanz zwischen Klient und Fachkraft verstärken kann. In solchen Fällen bietet sich die Walk and Talk Methode als besonders wertvoll an, um Gesprächseinstiege zu erleichtern und Vertrauen aufzubauen.

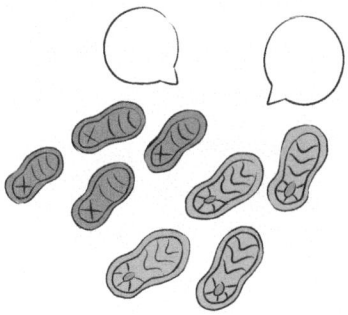

Ein Spaziergang – sei es durch den Wald, das Wohnviertel des Klienten oder sogar eine kleine Städtetour – schafft eine informelle und entspannte Atmosphäre, die es dem Klienten leichter macht, sich zu öffnen. Der Wechsel von der eher statischen Sitzposition zu einer dynamischeren Bewegung sorgt für eine natürliche Entspannung und reduziert die Hemmungen, über persönliche Themen zu sprechen. Während des Spaziergangs können gezielte Fragen gestellt werden, die zu einem ersten Austausch über alltägliche Themen führen. Informationen zu den persönlichen Vorlieben des Klienten, zu seinen Naturkenntnissen, zur Wohnsituation oder zu bekannten Straßen und Orten lassen sich so auf eine unaufdringliche Weise sammeln.

Durch die wertvolle Zeit, die Fachkraft und Klient zusammen verbringen, entsteht eine Verbindung, die es ermöglicht, ein langfristiges Vertrauensverhältnis aufzubauen. Die natürliche Umgebung fördert dabei eine lockere Atmosphäre, in der sich der Klient sicherer fühlt, über schwierige Themen zu sprechen. So wird der Spaziergang nicht nur zu einer Methode der Informationssammlung, sondern auch zu einem wichtigen Schritt in der Beziehungsgestaltung und der Förderung des gegenseitigen Vertrauens.

1.1.5   Die zwei Stühle Methode

Steht als Symbol für den Mut zur Veränderung
  Veränderung kann schwierig sein, besonders wenn alte Gewohnheiten immer wieder in den Weg kommen. Manchmal ist es leichter, den nächsten Schritt zu verstehen, wenn wir ihn auf eine einfache, anschauliche Weise erleben. Diese Übung hilft, den Zusammenhang zwischen aktuellen Verhaltensweisen und den gewünschten Veränderungen zu erkennen.

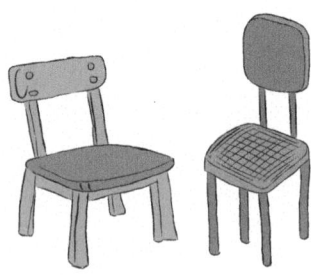

Zu Beginn wird der Klient auf einen Stuhl gesetzt, der symbolisch für sein aktuelles Verhalten steht – vielleicht das Zögern, das Festhalten an alten Gewohnheiten oder das ständige Zweifeln an sich selbst. Ein zweiter Stuhl wird ebenfalls bereitgestellt, der für das gewünschte Verhalten oder die angestrebte Veränderung steht. Dieser Stuhl ist anders: Er hat eine andere Form, eine andere Ausrichtung und ist der Stuhl, auf dem der Klient gerne sitzen möchte, wenn er seine Ziele erreicht hat.

Der Klient wird nun sitzend gebeten, den ersten Stuhl unter ihm zu halten und ihn in Richtung des zweiten Stuhls zu bewegen, um sich auf den zweiten zu setzen. Doch schon beim Versuch merkt der Klient schnell: Der erste Stuhl passt nicht auf den zweiten. Sie sind zu unterschiedlich, sie lassen sich nicht miteinander verbinden. An diesem Punkt könnte der Klient einen Moment der Verwirrung oder sogar der Frustration erleben, doch genau hier entsteht ein möglicher Aha-Moment. In diesem Moment erkennt der Klient, dass bloßes Wünschen nicht genügt, um sein Ziel zu erreichen.

Mit dieser neuen Einsicht wird der Klient nun eingeladen, sich vorzustellen, welche konkreten Schritte notwendig sind, um sein Verhalten so anzupassen, dass er den „zweiten Stuhl" erreichen kann. Welche Veränderungen in seinen Handlungen, Denkweisen oder Entscheidungen sind erforderlich, um die gewünschten Ergebnisse zu erzielen? Der Klient wird dazu angeregt, klare und greifbare Ziele zu formulieren und die notwendigen Veränderungen zu planen, die er in seinem Leben umsetzen kann. Diese Überlegungen helfen ihm, ein Gefühl der Klarheit und Richtung zu entwickeln und sich aktiv mit den Handlungsstrategien auseinanderzusetzen, die ihn seinem Ziel näher bringen werden.

Dieser Prozess führt den Klienten nicht nur dazu, sich intensiv mit seinen eigenen Blockaden, Denkmustern und eingefahrenen Gewohnheiten auseinanderzusetzen, sondern macht ihm auch auf eindrucksvolle und greifbare Weise bewusst, dass nachhaltige Veränderung nicht einfach geschieht, sondern ein aktives, bewusstes Handeln erfordert. Er erkennt, dass er alte, nicht mehr förderliche Verhaltensweisen und Überzeugungen loslassen muss, um Raum für neue, zielführendere Strategien zu schaffen. Erst durch diese bewusste Entscheidung, sich von hinderlichen Mustern zu lösen und aktiv neue Wege zu beschreiten, kann er langfristig die gewünschten Veränderungen in seinem Leben herbeiführen.

1.1.6 Die erst ich-dann Du Methode

Steht als Symbol für einen erleichterten Gesprächseinstieg
Ähnlich der Walk and Talk Methode hat mir diese Methode bereits einige Male in Gespräche verholfen. Ich erinnere mich an einen jungen Mann, der am

Anfang seiner Maßnahme sehr vorbildlich war. Pünktlich, wissbegierig, talentiert. Mit Mal zeigte er jedoch deviantes Verhalten und wurde unzuverlässig. In gemeinsamen Gesprächen mit seinem Betreuer, zog er sich zurück und sprach zunehmend weniger. Ich bat ihn, eine Runde mit mir "um den Block" zu gehen.

Neben auffallend lustigen Autoschildern und dem Beobachten des Fallens der Blätter von Bäumen, kamen wir persönlich ins Gespräch. Ich nutzte die Methode und gab zuerst einen kleinen Teil meiner persönlichen Stimmungslage preis und fragte im Anschluss mein Gegenüber. Danach ging es mit einem positiven und einem negativen Erlebnis des Vortages weiter. Erst ich, dann der Klient. Mit etwas Feingefühl und gezielten Fragen tastete ich mich so an seine Problemlagen heran.

Durch die eigene Offenheit und das damit einhergehende Gefühl der Geborgenheit und weniger dem des Ausfragens, werden Klienten zutraulicher und können tief blicken lassen. Ebenso sehen sie, das hinter der Fachkraft auch eine Privatperson steckt.

1.1.7   Die Brief an mich selbst Methode

Steht als Symbol für die Visualisierung von Zielen/selbsterfüllende Prophezeiung

Die Methode „Brief an mich selbst" bietet Klienten die Möglichkeit, sich intensiv mit ihren Zielen und Wünschen auseinanderzusetzen, indem sie diese an ihr zukünftiges Ich richten. Dieser Prozess unterstützt die Selbstreflexion und

stärkt das Selbstbewusstsein, da die Klienten sich ihrer Werte und Bedürfnisse bewusst werden. Indem sie die eigene Zukunft konkret visualisieren, werden ihre Ziele greifbarer, und notwendige Schritte zur Zielerreichung lassen sich besser erkennen.

Die Methode erfordert eine bewusste und strukturierte Herangehensweise, um ihre volle Wirkung zu entfalten. Der Prozess beginnt mit der richtigen Vorbereitung: Klienten sollten sich einen ruhigen Moment nehmen, in dem sie ungestört reflektieren und schreiben können. Es kann hilfreich sein, sich vorab einige Fragen zu stellen, um die Gedanken gezielt zu lenken. Beispiele für solche Fragen sind:

- Wo stehe ich gerade in meinem Leben, und welche Aspekte sind mir besonders wichtig?
- Welche Ziele und Wünsche habe ich für meine Zukunft?
- Welche Herausforderungen sehe ich und wie kann ich sie bewältigen?
- Welche Stärken und Ressourcen kann ich nutzen, um meine Ziele zu erreichen?
- Was würde mein zukünftiges Ich mir raten oder mir wünschen?

Nachdem diese Reflexion erfolgt ist, beginnt das eigentliche Schreiben. Dabei ist es sinnvoll, den Brief so zu formulieren, als würde man direkt mit seinem zukünftigen Ich sprechen. Eine persönliche Anrede, wie „Liebes zukünftiges Ich" oder „Hallo, du in einem Jahr", schafft eine emotionale Verbindung.

Im Hauptteil des Briefes können verschiedene Inhalte Platz finden. Eine Möglichkeit ist, die aktuelle Situation ausführlich zu beschreiben: Wie fühlt man sich? Was beschäftigt einen gerade? Welche Hoffnungen, Ängste oder Herausforderungen gibt es? Anschließend folgt die Visualisierung der Zukunft: Wo möchte man in einem Jahr oder zu einem bestimmten Zeitpunkt stehen? Was hofft man, erreicht zu haben? Hierbei ist es hilfreich, möglichst konkret zu sein und nicht nur abstrakte Wünsche zu formulieren, sondern auch konkrete Handlungen oder Veränderungen zu benennen, die zum Ziel führen.

Eine wichtige Technik beim Schreiben ist die Formulierung in der Gegenwartsform. Anstatt *„Ich hoffe, dass ich in einem Jahr selbstbewusster bin"*, könnte man schreiben: *„Ich bin selbstbewusst und trete sicher auf."* Diese Formulierungsweise verstärkt das Gefühl, dass die eigenen Wünsche realisierbar sind, und hilft dabei, sich stärker mit der gewünschten Zukunft zu identifizieren.

Zum Abschluss des Briefes kann man sich selbst ermutigende Worte mit auf den Weg geben. Manche Klienten wählen auch ein inspirierendes Zitat oder eine persönliche Affirmation, die sie begleiten soll.

Nachdem der Brief verfasst ist, wird er sicher verwahrt – entweder physisch in einem Umschlag oder digital mit einer festgelegten Erinnerung, ihn zu einem bestimmten Zeitpunkt zu öffnen. Alternativ kann er einer Vertrauensperson anvertraut werden, die ihn zum festgelegten Zeitpunkt zurückgibt. Entscheidend ist, dass der Brief für eine gewisse Zeit in Vergessenheit gerät, sodass das spätere Lesen eine authentische Reflexion über die eigene Entwicklung ermöglicht. Durch diese strukturierte Vorgehensweise wird sichergestellt, dass der Brief nicht nur eine spontane Momentaufnahme ist, sondern ein wirksames Werkzeug zur Selbstreflexion, Zielsetzung und persönlichen Motivation darstellt.

1.1.8   Die Wunschraum Methode

Steht als Symbol für Entspannung, Besänftigung und Regeneration
Im stressigen Alltag fehlt oft ein Moment der Ruhe, um sich mit den eigenen Gefühlen auseinanderzusetzen. Diese Methode hilft Klienten, sich einen persönlichen Rückzugsort in ihrer Vorstellung zu erschaffen – einen sicheren, beruhigenden Ort, an den sie sich mental begeben können, um Kraft zu schöpfen, Stress abzubauen und Klarheit zu gewinnen. Durch die bewusste Nutzung dieses inneren Zufluchtsortes lernen sie, sich selbst besser wahrzunehmen und gelassener mit Herausforderungen umzugehen.

Dieser Ort kann alles sein, was ihnen Ruhe und Entspannung schenkt. Manche Menschen stellen sich vielleicht einen sonnigen Sandstrand vor, an dem sie das sanfte Rauschen der Wellen hören, den warmen Sand unter ihren Füßen spüren und eine leichte Brise auf ihrer Haut wahrnehmen. Andere fühlen sich inmitten eines blühenden Gartens wohl, umgeben von duftenden Blumen, summenden Bienen und dem Zwitschern der Vögel. Wieder andere erschaffen sich eine gemütliche Berghütte mit knisterndem Kaminfeuer oder eine Lichtung im Wald, wo sie das Rascheln der Blätter und das Plätschern eines nahen Baches beruhigt. Es kann auch ein völlig fantasievoller Ort sein – ein Paradies, ein schwebender Palast oder eine Landschaft, die nur in der eigenen Vorstellung existiert.
Durch gezielte Anleitung werden die Klienten dabei unterstützt, diesen Rückzugsort Schritt für Schritt in ihrer Fantasie aufzubauen. Sie werden ermutigt, sich

genau vorzustellen, wie es dort aussieht, welche Farben, Formen und Details ihnen ins Auge fallen. Ebenso geht es darum, mit allen Sinnen wahrzunehmen: Welche Geräusche sind zu hören? Gibt es Düfte, die diesen Ort besonders angenehm machen? Wie fühlt es sich an, dort zu sein?

Dieser innere Rückzugsort soll den Klienten als geschützter Raum dienen, den sie jederzeit in Gedanken aufsuchen können, wenn sie sich gestresst, unsicher oder überfordert fühlen. Er hilft ihnen, zur Ruhe zu kommen, neue Kraft zu schöpfen und Klarheit über ihre Gedanken und Gefühle zu gewinnen. Zudem kann dieser Ort ein sicherer Rahmen sein, um über Herausforderungen nachzudenken, Entscheidungen zu treffen oder einfach für einen Moment dem Alltag zu entfliehen.

Durch regelmäßige Besuche in diesem inneren Zufluchtsort lernen die Klienten, sich bewusster mit ihren eigenen Bedürfnissen auseinanderzusetzen und Strategien zu entwickeln, um mit belastenden Situationen besser umzugehen. Sie erkennen, dass sie selbst die Kontrolle über diesen Ort haben und ihn nach ihren Wünschen anpassen oder verändern können – genau wie sie auch ihr eigenes Leben aktiv gestalten können.

1.1.9 Die Schubladen Methode

Steht als Symbol für das Abgrenzen schlechter Gedanken

Die Schubladen-Methode ist eine pädagogische Technik, die Klienten darin unterstützt, belastende Gedanken bewusst zu sortieren und vorübergehend „abzulegen", um innere Ruhe und Klarheit zu fördern. Diese Methode ist besonders hilfreich für Klienten, die häufig mit Grübeln zu kämpfen haben oder vor dem Einschlafen von negativen Gedanken überwältigt werden.

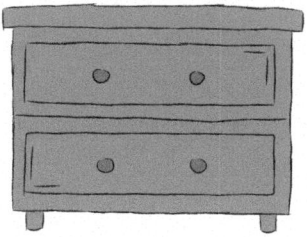

In der Anwendung stellen sich die Klienten einen imaginären Raum voller Schubladen vor. Jeder belastende Gedanke wird in eine dieser Schubladen „gepackt" und dann fest und schnell zugeschoben. Diese bildliche Vorstellung hilft ihnen, sich aktiv von störenden Gedanken zu distanzieren. So können die Klienten mehr Ruhe gewinnen und sich besser auf den gegenwärtigen Moment einlassen.

Die Schubladen-Methode erfordert etwas Übung und hat deshalb eine hohe pädagogische Relevanz: Sie stärkt das Bewusstsein für die eigenen Gedanken und trainiert die Fähigkeit, belastende Inhalte auf gesunde Weise zu regulieren. Langfristig lernen die Klienten, ihre Gedanken besser zu steuern, und verfügen über eine wirksame Strategie, um negativen Gedankenschleifen im Alltag zu begegnen.

1.1.10 Die Knoten Methode

Steht als Symbol für Achtsamkeit und Entspannung

Diese Methode nutzt das Entknoten eines Seils als wirkungsvolles Symbol für innere Blockaden, Stress und gedankliche Verstrickungen. Sie hilft Klienten, sich bewusst mit ihren Herausforderungen auseinanderzusetzen, Achtsamkeit zu schulen und sich auf den gegenwärtigen Moment zu konzentrieren. Der Prozess des Entknotens steht dabei für die langsame, bewusste Annäherung an Probleme und fördert die Fähigkeit, sich in stressigen Situationen zu beruhigen und den Fokus zu behalten.

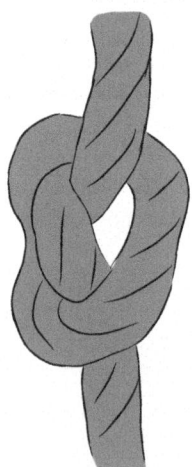

Zu Beginn der Übung wird der Klient in eine ruhige Umgebung geführt, in der er sich entspannt hinsetzen kann. Vor ihm wird ein verknotetes Seil ausgebreitet, das stellvertretend für seine inneren Belastungen, ungeordneten Gedanken oder festgefahrenen Emotionen steht. Der Pädagoge erklärt, dass Stress und Sorgen sich oft wie Knoten anfühlen – sie blockieren den freien Fluss der Gedanken und machen es schwer, klare Entscheidungen zu treffen. Ziel der Übung ist es, sich mit Geduld und Aufmerksamkeit dem Entknoten des Seils zu widmen, so wie man sich schrittweise auch emotionalen oder mentalen Herausforderungen nähert.

Während der Klient das Seil langsam entwirrt, wird er dazu ermutigt, jede Bewegung bewusst wahrzunehmen – die Beschaffenheit des Seils zu spüren, die Richtung der Knoten zu erkennen und behutsam die richtige Technik zu finden, um sie zu lösen. Dabei wird nicht nur die Feinmotorik geschult, sondern auch die Konzentration und die Fähigkeit, sich von äußeren Ablenkungen zu lösen. Das Seil dient als greifbares Symbol für den inneren Prozess der Entlastung: So wie sich die Knoten im Seil allmählich lösen, kann sich auch der Geist des Klienten ordnen und entspannen.

Diese Methode hilft insbesondere dabei, Geduld mit sich selbst zu entwickeln und das Vertrauen zu stärken, dass jede Herausforderung Schritt für Schritt bewältigt werden kann. Durch das bewusste Entknoten wird die Wahrnehmung geschärft und die Fähigkeit gestärkt, sich in schwierigen Momenten zu erden, anstatt sich in Gedanken und Emotionen zu verlieren. Sie zeigt auf anschauliche Weise, dass Probleme nicht mit Hast oder Druck gelöst werden können, sondern durch ruhige, bedachte und gezielte Handlungen. Letztlich ermöglicht die Übung dem Klienten, diese Erfahrung auf seinen Alltag zu übertragen, indem er lernt, mit stressigen Situationen gelassener umzugehen und bewusster Lösungen zu finden.

1.1.11 Die Seil Methode

Steht als Symbol für das Loslassen von negativen Dingen/Gedanken

Die Seil-Methode ist eine kreative und anschauliche pädagogische Technik, die dazu dient, das Loslassen von belastenden Gedanken, Ängsten oder negativen Emotionen auf eine greifbare Weise zu vermitteln. Sie nutzt das Bild eines Seils, um aufzuzeigen, wie Festhalten an belastenden Gefühlen den Klienten in eine unangenehme oder sogar bedrohliche Situation führen kann.

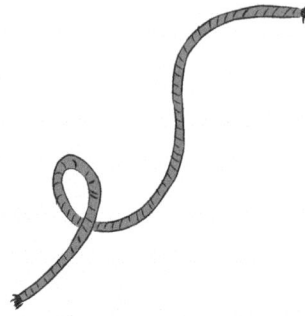

Der Prozess beginnt damit, dass der Pädagoge und der Klient jeweils ein Ende eines Seils halten. Das Seil symbolisiert eine belastende Angst oder einen negativen Gedanken, den der Klient mit sich trägt. Gemeinsam stellen sie sich vor, dass das Seil über eine tiefe Schlucht oder eine Klippe gespannt ist.

Der Pädagoge übernimmt die Rolle der belastenden Gedanken oder Ängste und beginnt langsam, am Seil zu ziehen – immer fester und bestimmter. Der Klient spürt den Widerstand und versucht dagegenzuhalten, doch mit jedem Zug scheint er näher an den Rand der imaginären Klippe zu rücken. Egal, wie sehr er sich anstrengt, die Anspannung bleibt bestehen, und der Kampf gegen den Druck kostet immer mehr Kraft.

Dieses Bild verdeutlicht sehr anschaulich, wie stark Ängste oder negative Gedanken einen Menschen festhalten können und ihm das Gefühl vermitteln, immer weiter in eine scheinbar ausweglose Situation zu rutschen. Die Zugkraft des Seils symbolisiert dabei die emotionale Schwere, die beispielsweise das Festhalten an negativen Gedanken mit sich bringen kann.

Die Methode zielt darauf ab, dem Klienten zu verdeutlichen, dass er nur dann aus dieser „Gefahrensituation" entkommen kann, wenn er den Mut hat, bewusst loszulassen. Der Moment des Loslassens des Seils wird zu einem symbolischen Akt der Befreiung. Sobald der Klient das Seil loslässt, distanziert er sich von der belastenden Emotion oder dem negativen Gedanken und nimmt Abstand von der negativen Energie, die ihn zuvor gehalten und gezogen hat. Das Loslassen wird als eine Form der Selbstbefreiung und des Selbstschutzes dargestellt. Indem der Klient das Seil loslässt, lässt er nicht nur den belastenden Gedanken oder die Angst hinter sich, sondern er erkennt auch, dass er selbst die Kontrolle über seine Emotionen und Gedanken zurückgewinnen kann.

Die Seil-Methode veranschaulicht auf einfache und bildhafte Weise, wie das Festhalten an negativen Gedanken einen innerlich „gefährlich nah an den

Abgrund" bringen kann. Gleichzeitig wird gezeigt, dass das bewusste Loslassen nicht nur eine Entlastung, sondern eine wirkliche Form der Befreiung und Selbststärkung ist. Der Klient lernt so, dass er durch Loslassen von belastenden Gedanken und Emotionen aktiv zu seinem eigenen Wohlbefinden und seiner inneren Freiheit beitragen kann.

1.1.12 Die Schachtel der Gedanken Methode

Steht als Symbol für die Sortierung der Gedanken
    Zu Beginn der Übung wird der Klient gebeten, einige Zettel und einen Stift zur Hand zu nehmen. Jeder Zettel dient dazu, einen belastenden Gedanken, eine Sorge oder ein Problem festzuhalten, das ihn momentan beschäftigt. Der Klient wird angeleitet, sich einen ruhigen Moment zu nehmen und in sich hineinzuhören, um all jene Gedanken zu identifizieren, die derzeit besonders viel Raum in seinem Kopf einnehmen. Sobald der Klient einen oder mehrere Gedanken aufgeschrieben hat, wird er gebeten, diese Zettel in eine Schachtel oder Box zu legen.

Ähnlich der Schubladen Methode dient diese Schachtel dabei als symbolischer und zugleich haptisch sicherer Raum, in dem die Gedanken „aufbewahrt" werden können. Indem der Klient seine Gedanken in die Box legt, schafft er eine visuelle und greifbare Trennung zwischen seinem aktuellen Bewusstsein und den belastenden Gedanken. Es wird betont, dass dies nicht bedeutet, die Gedanken zu verdrängen oder zu ignorieren, sondern ihnen einen festen Platz zuzuweisen, damit sie für den Moment nicht die gesamte Aufmerksamkeit des Klienten beanspruchen. Der Klient wird ermutigt, sich vorzustellen, dass mit jedem Zettel, den er in die Box legt, die jeweiligen Gedanken vorübergehend aus seinem Kopf „entlassen" werden. Diese Vorstellung hilft ihm, die Gedanken zu loszulassen und gleichzeitig Raum für andere, vielleicht positivere oder weniger belastende Gedanken zu schaffen. Der Klient sollte sich darauf konzentrieren, dass diese Gedanken nicht verschwinden, sondern einfach an einen sicheren Ort gelegt werden, an dem sie im Moment nicht mehr präsent sind. Dies ermöglicht Klarheit und Fokus im Hier und Jetzt.

Während der Übung wird der Klient angeleitet, zu beobachten, wie sich sein innerer Raum verändert, wenn er die Gedanken aus dem Kopf „ablegt". Der Fokus liegt dabei darauf, dass der Klient erkennt, dass es nicht darum geht, die Gedanken zu unterdrücken oder zu negieren. Vielmehr geht es darum, eine gewisse gesunde Distanz zu den belastenden Gedanken zu gewinnen, sie zu ordnen und sie vorübergehend aus dem unmittelbaren Bewusstseinsfeld zu entfernen. Diese Technik fördert die Fähigkeit zur Achtsamkeit und hilft dem Klienten, mehr Klarheit zu gewinnen und das eigene mentale Raumgefühl zu beruhigen. So kann der Klient die Kontrolle über seine Gedanken zurückgewinnen und lernen, sich in stressigen oder herausfordernden Situationen weniger von negativen Gedanken überfluten zu lassen.

1.1.13 Die 3 + 1 Korb Methode

Steht als Symbol für fehlende Setzung von Prioritäten

Oft bleibt unklar, warum in bestimmten Situationen immer wieder Probleme entstehen, aus denen es scheinbar keinen Ausweg gibt. Diese Methode hilft den Klienten, gemeinsam mit dem Pädagogen herauszufinden, welche Verhaltensweisen hilfreich sind und welche sie möglicherweise daran hindern, schwierige Situationen besser zu bewältigen.

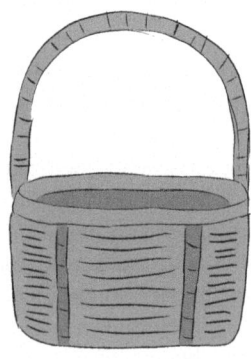

Zu Beginn wird eine konkrete Situation besprochen, in der es zu einem Problem oder Konflikt kam. Gemeinsam überlegen der Klient und der Pädagoge, welche Verhaltensweisen in dieser Situation gezeigt wurden. Diese werden auf Karten geschrieben und anschließend in drei farbige Körbe sortiert:

- *Grüner Korb:* Verhaltensweisen, die ärgerlich, aber hinnehmbar sind.
- *Gelber Korb:* Verhaltensweisen, die auf lange Sicht problematisch werden könnten, wenn sie nicht verändert werden.
- *Roter Korb:* Verhaltensweisen, die sofortige Veränderung erfordern, weil sie nicht mehr akzeptabel sind.

Nachdem die Karten verteilt wurden, schauen sich der Klient und der Pädagoge die Situation noch einmal gemeinsam an. Der Klient erkennt, welche seiner Handlungen zu Problemen geführt haben. Der Pädagoge unterstützt ihn dabei, neue Möglichkeiten zu finden, wie er sich in einer ähnlichen Situation in Zukunft anders verhalten könnte.

Zusätzlich gibt es einen Extra-Korb für positive Verhaltensweisen. Hier werden alle Verhaltensweisen gesammelt, die dem Klienten bereits gut gelingen und die ihm helfen können, mit schwierigen Situationen besser umzugehen. Das kann zum Beispiel seine Fähigkeit sein, sich in andere hineinzuversetzen, ruhig zu bleiben oder sich Unterstützung zu holen. Dieser Korb soll dem Klienten bewusst machen, dass er schon wertvolle Stärken besitzt, die ihm auf seinem Weg helfen können.

Durch diese Methode wird nicht nur klar, welches Verhalten verändert oder gar abgelegt werden sollte, sondern auch, dass der Klient bereits wertvolle Fähigkeiten besitzt, die ihn auf seinem Weg unterstützen. Schritt für Schritt lernt er, bewusster mit Herausforderungen umzugehen und bessere Entscheidungen zu treffen.

1.1.14 Die Energiefass Methode

▶   Material zum Download

Steht als Symbol für Achtsamkeit
   Die Methode des Energiefasses hilft dem Klienten, ein besseres Verständnis
für seinen eigenen Energiehaushalt zu entwickeln.

Zu Beginn stellt der Klient sein persönliches Energiefass dar. Wahlweise auf
einem Stück Papier, oder als Figur. Er schätzt, wie voll sein Fass mit eigener
Energie aktuell, auf einer Skala von 0 bis 100, ist. Im nächsten Schritt reflektiert
der Klient, was ihm Energie gibt und das Fass füllt – wie etwa Hobbys, positive
soziale Kontakte oder Entspannungsphasen. Diese „Energiequellen" trägt er in
sein persönliches Fass ein. Danach überlegt er, was ihm hingegen die Energie
raubt und das Fass leert, wie Stress, Konflikte oder Überlastung. Diese negativen
Faktoren stellt er ebenfalls dar. Zum Abschluss benennt der Klient drei konkrete
Maßnahmen, die ihm helfen, sein Energiefass aufzufüllen. Diese können einfache
Schritte wie Lob, Entspannungstechniken oder das Führen positiver Gespräche
sein.
   Durch diese Methode lernt der Klient, seine Energiequellen zu erkennen und
gezielt zu steuern, um langfristig besser mit seiner Energie hauszuhalten.

1.1.15 Die Schutzschild Methode

▶   Material zum Download

Steht als Symbol für innere Stärke

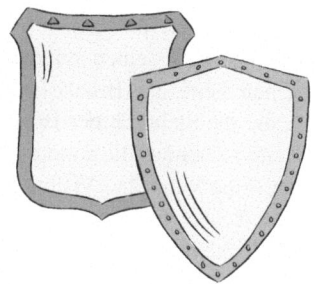

Die Schutzschild-Methode ist eine kreative und reflektive Methode, die Klienten unterstützt, sich ihrer inneren Stärken und Schutzmechanismen bewusst zu werden. Diese Methode eignet sich besonders für pädagogische Settings, in denen Selbststärkung und Ressourcenorientierung im Vordergrund stehen. Die Übung hilft Klienten, mentale Schutzstrategien zu entwickeln und zu visualisieren, die sie in belastenden Situationen unterstützen können. Das Schutzschild kann dabei sowohl als gedankliches Bild im Kopf entstehen als auch auf einem Blatt Papier gestaltet werden.

Durch das Kreieren eines persönlichen Schutzschildes lernen Klienten, sich auf ihre positiven Eigenschaften, Werte und unterstützenden Ressourcen zu konzentrieren. Das Schutzschild symbolisiert die individuellen Stärken und Strategien, die Sicherheit und Selbstvertrauen vermitteln. Ziel ist es, dass Klienten in schwierigen Momenten auf ihre inneren Ressourcen zugreifen können und sich gestärkt und geschützt fühlen.

1.1.16 Die Ressourcenbrücke Methode

Steht als Symbol für die Hilfe zur Selbsthilfe

Die Ressourcenbrücke ist eine kraftvolle pädagogische Methode, die veranschaulicht, wie innere Stärken und persönliche Fähigkeiten helfen können, Hindernisse zu überwinden und gesetzte Ziele zu erreichen. Sie basiert auf der Vorstellung, dass jeder Mensch über wertvolle Ressourcen verfügt, die in ihm schlummern und darauf warten, bewusst genutzt zu werden.

Die Methode beginnt damit, dass sich der Klient eine Brücke vorstellt, die ihn über ein Hindernis – beispielsweise einen reißenden Fluss oder eine tiefe Schlucht – führt. Auf der einen Seite der Brücke steht er mit seinen Sorgen, Ängsten und Unsicherheiten, die die Stabilität der Brücke schwächen und ihr die notwendigen Steine nehmen, um sicher auf die andere Seite zu gelangen. Auf der anderen Seite liegen hingegen seine Wünsche, Visionen und bisherigen Erfolge.

Zunächst reflektiert der Klient, welche Hindernisse der Brücke die Stabilität nehmen. Dies können innere Blockaden wie Zweifel, Angst vor Misserfolg oder mangelndes Selbstvertrauen sein. Doch statt sich auf die Hindernisse zu konzentrieren, richtet die Methode den Blick auf das, was bereits in ihm vorhanden ist: seine persönlichen Ressourcen. In diesem Schritt überlegt er, welche Fähigkeiten, Charakterstärken oder Erfahrungen ihm helfen können, die Brücke zu überqueren.

Dabei wird ihm bestmöglich bewusst, dass viele dieser Ressourcen bereits tief in ihm schlummern, auch wenn sie im Alltag nicht immer offensichtlich sind. Vielleicht hat er in der Vergangenheit bereits Herausforderungen gemeistert und daraus innere Stärke geschöpft. Vielleicht besitzt er Durchhaltevermögen, Kreativität oder eine ausgeprägte Fähigkeit zur Selbstmotivation. Auch Eigenschaften wie Geduld, Eigenverantwortung oder Problemlösungskompetenzen können entscheidende Bausteine der Brücke sein.

Indem der Klient sich vorstellt, Schritt für Schritt die Brücke mithilfe dieser Ressourcen zu überqueren, stärkt er sein Vertrauen in sich selbst. Er erkennt, dass er nicht auf äußere Hilfe angewiesen ist, sondern über genügend innere Kraft verfügt, um seine Ziele zu erreichen. Egal, wie viele Hindernisse auf dem Weg liegen. Diese Visualisierung hilft ihm, sich seiner Fähigkeiten bewusster zu werden und sie gezielt einzusetzen, wenn er in schwierige Situationen gerät.

Die Methode der Ressourcenbrücke fördert somit nicht nur die Selbstreflexion, sondern auch die persönliche Weiterentwicklung. Sie hilft, den Blick von Problemen auf Lösungen zu lenken und das eigene Potenzial zu erkennen. Wer seine schlummernden Stärken aktiviert und bewusst nutzt, kann Hindernisse mit mehr Zuversicht überwinden und selbstbestimmt seinen Weg gehen.

1.1.17 Die auf welchem Sessel sitzt du heute Methode

▶   Material zum Download

Steht als Symbol für die aktuelle Stimmungslage

Die Methode „Auf welchem Sessel sitzt du heute?" ist eine einfache und effektive Technik, um die Gefühlslage eines Klienten visuell auszudrücken, wenn Worte schwerfallen. Anstatt die Emotionen verbal zu formulieren, kann der Klient seine Stimmung durch die Auswahl eines Bildes kommunizieren.

Der Klient wird mit einer Auswahl an Bildern von Sesseln konfrontiert, die jeweils unterschiedliche Gesichtsausdrücke oder Stimmungen widerspiegeln. Zum Beispiel könnte ein bequemer, lächelnder Sessel Zufriedenheit oder Ruhe symbolisieren, während ein unbequemer, schräg guckender Sessel vielleicht Unbehagen oder Unsicherheit ausdrückt. Ein Sessel mit einem traurigen Gesicht könnte Melancholie oder Enttäuschung darstellen.

Der Klient wählt das Bild aus, das seine momentane Gefühlslage am besten widerspiegelt.

Diese Methode ermöglicht es ihm, seine Emotionen auf eine einfache und anschauliche Weise zu kommunizieren, ohne sich in langen Erklärungen zu verlieren. Sie eignet sich besonders gut zu Beginn oder am Ende einer Beratungssitzung, um schnell einen Zugang zur aktuellen Gefühlswelt zu finden und das Gespräch darauf basierend zu gestalten.

Alternativ können auch Stimmungskarten oder ein Stimmungsrad verwendet werden, die ebenfalls eine breite Palette an Emotionen visualisieren und dem Klienten helfen, seine Stimmung intuitiv auszuwählen. Diese Methode ist besonders hilfreich, wenn Worte fehlen, um Gefühle auszudrücken, und fördert gleichzeitig die Selbstwahrnehmung und die verbale Auseinandersetzung mit den eigenen Emotionen.

1.1.18 Die Würfel Methode

Als Symbol für den Gesprächseinstieg
Die Würfel Methode ist besonders hilfreich, wenn es dem Klienten schwerfällt, in ein normales Gespräch zu starten oder wenn er eher zurückhaltend ist und wenig von sich preisgibt. Sie bietet einen spielerischen Einstieg, der den Druck nimmt und das Gespräch auf eine lockere und kreative Weise eröffnet.

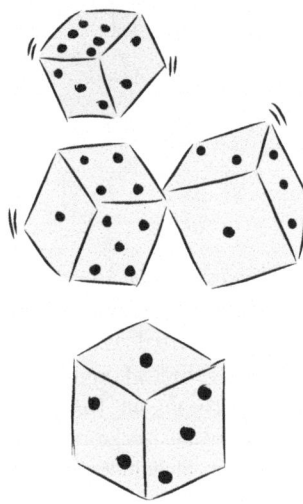

Zu Beginn der Sitzung könnte die Beratungsperson vorschlagen: „*Wenn ich eine 5 würfle, erzählst du mir deine Lieblingsfarbe.*" Der Klient könnte dann selbst die Regel aufstellen, zum Beispiel: „*Wenn ich eine 4 würfle, erzählst du mir, welches Hobby du in deiner Freizeit am liebsten machst.*" Dadurch entsteht ein interaktiver Dialog, der den Klienten einlädt, in einer entspannten Atmosphäre über persönliche Themen zu sprechen, ohne sich direkt dazu gezwungen zu fühlen.

Der Würfelfaktor sorgt für eine gewisse Spannung und Unvorhersehbarkeit, was das Gespräch auflockert und gleichzeitig einen leichten Wettbewerbscharakter einführt. Der Klient wird durch das Spiel eher motiviert, sich zu öffnen und auf diese unbeschwerte Art nach und nach mehr über sich selbst zu teilen. Besonders bei zurückhaltenden oder schüchternen Klienten hilft diese Methode, Barrieren abzubauen und ein angenehmes Gesprächsklima zu schaffen. Sie eignet sich hervorragend, um den Einstieg in die Sitzung zu finden und eine Grundlage für weiterführende Gespräche zu legen.

1.1.19 Die Marmeladenglas Methode

Als Symbol für die Wahrnehmung

Die „Marmeladenglas-Methode" ist eine kreative und symbolische Technik, die besonders dann hilfreich ist, wenn es dem Klienten schwerfällt, aus schwierigen oder herausfordernden Erlebnissen positive Aspekte zu erkennen. Sie ist inspiriert von dem Kinderfilm *„Die wilden Hühner"*, in dem Erinnerungen in einem Marmeladenglas gesammelt werden. Diese Methode dient dazu, den Fokus auf positive Momente und Erlebnisse zu lenken und die Wahrnehmung für alltägliche, wertvolle Erfahrungen zu schärfen.

Der Klient wird dazu angeleitet, ein altes Schraubglas zur Hand zu nehmen und es von außen zu beschriften, zum Beispiel mit *„Momente aus dem Jahr 2025"* oder *„Lustige Momente"*. Das Glas wird dann zu einem „Speicher" für positive Erinnerungen, die im Laufe der Zeit gesammelt werden. Jeden Sonntag schreibt der Klient auf einen kleinen Zettel, was in der vergangenen Woche für ihn besonders schön, lustig oder wertvoll war. In der oberen Ecke des Zettels sollte er die Kalenderwoche (KW) notieren, um später eine zeitliche Zuordnung vornehmen zu können.

Am Ende eines Jahres – also nach 52 Wochen – hat der Klient 52 Zettel im Glas gesammelt, die die Höhepunkte des Jahres widerspiegeln. Zu diesem Zeitpunkt öffnet er das Glas und lässt das Jahr noch einmal Revue passieren, indem er alle Zettel durchliest.

Diese Methode bietet nicht nur eine Möglichkeit, sich an positive Momente zu erinnern, sondern hilft auch, ein größeres Bewusstsein für das Gute im Alltag zu entwickeln, das oft übersehen wird.

Die Marmeladenglas-Methode kann auch individuell angepasst werden. Statt nur schöne Momente zu sammeln, kann der Klient das Glas zum Beispiel mit

- Stärken,
- mutigen Momenten,
- neuen Erlebnissen oder
- Momenten außerhalb der Komfortzone

füllen, die er erlebt hat. So kann er sich selbst für persönliche Fortschritte oder Herausforderungen, die er gemeistert hat, anerkennen.

Diese Methode fördert das positive Denken und die Reflexionsfähigkeit. Ebenso steigert sie das Selbstwertgefühl und stärkt das Vertrauen in die eigenen Fähigkeiten.

1.2   Ein Fall aus der Praxis

In einer von mir betreuten Maßnahme hatte ich einen 16-jährigen Teilnehmer, dessen Wohnform sowie monatliche Finanzierung durch das zuständige Jugendamt und den Geldgeber direkt an seine Mitwirkung in der Maßnahme gebunden waren. Zusätzlich war auch das Erreichen seines Schulabschlusses an diese Mitwirkungspflicht geknüpft. Der Teilnehmer sprach kaum, nickte meist nur zur Bestätigung und antwortete in Vier-Augen-Gesprächen lediglich mit einzelnen Worten. Er hielt sich aus Gruppenaktivitäten zurück, beobachtete Geschehen aus der hinteren Reihe und viel im Vergleich zu anderen Teilnehmenden nicht auf. Trotz der für ihn essenziellen Bedeutung der Maßnahme fehlte er bereits zu Beginn sehr unregelmäßig und unentschuldigt.

Zunächst setzte ich mit ihm, aufgrund seiner fehlenden Mitwirkung, Zielvereinbarungen auf, um ihm eine klare Struktur und Orientierung zu geben und begleitete ihn eine Woche lang direkt von zu Hause zur Maßnahme, um seine Teilnahme zu sichern. Zusätzlich wendete ich eine abgewandelte Form der Walk and Talk-Methode an, bei der wir während langer Autofahrten durch sein Wohnviertel Zeit im geschützten Raum verbrachten. Dadurch schuf ich eine entspanntere Gesprächsatmosphäre, die ihm half, Vertrauen aufzubauen. Während der Fahrten schaffte er es zunehmend, auch ganze Sätze zu sprechen.

Während eines Netzwerkarbeit-Termins, bei dem alle involvierten Hilfen zusammenkamen, erfuhr ich von seiner besonderen Fähigkeit, sich schriftlich auszudrücken. Diese Information änderte direkt meine Herangehensweise. Mit dem Wissen um seine schriftliche Ausdrucksfähigkeit wechselte ich den Kommunikationskanal und begann, mit ihm kurze schriftliche Nachrichten auszutauschen. Schon nach kurzer Zeit merkte ich, dass er sich zunehmend sicherer in der Maßnahme fühlte und auch bei uns Pädagogen aufgehoben. Dies wurde besonders deutlich, als er mir zum ersten Mal ein Lächeln schenkte, nachdem er eine Nachricht von mir erhalten hatte. Diese Erfahrung zeigte mir, dass er begann, Vertrauen aufzubauen und sich in der Situation wohler fühlte.

Neben dem Schreiben eines „Briefs an mich selbst" in einer sozialpädagogischen Gruppenstunde, ließ er sich zunehmend auf die schriftliche Kommunikation mit mir ein. Schritt für Schritt konnte er sich mitteilen und ein Stück weit mehr Vertrauen aufbauen. Bereits während dieses schriftlichen Austausches offenbarte er mir seinen starken Hang zu Drogen sowie seine langjährige Abhängigkeit.

Bei einem gemeinsamen Weihnachtsfrühstück mit allen Teilnehmenden fiel mir seine geistige Abwesenheit auf. Er vertraute mir schließlich an, dass er seit einigen Tagen versuche, clean zu bleiben, was jedoch mit starken kognitiven und körperlichen Reaktionen verbunden war. Ich nahm ihn daraufhin in einen ruhigen Nebenraum, um ungestört mit ihm zu sprechen. Mithilfe der Erst ich – dann du-Methode erleichterte ich den Einstieg ins Gespräch. Behutsam öffnete er sich und erzählte von seiner schwierigen Vergangenheit, die von häuslichen SEK-Einsätzen, wechselnden Wohnformen, Drogen- und Alkoholmissbräuchen und häuslicher Gewalt geprägt war. Anschließend sprachen wir detailliert über seine Drogenproblematik und reflektierten über die konsumierten Substanzen. Gemeinsam erarbeiteten wir Strategien und mögliche Schritte, um seiner Abhängigkeit entgegenzuwirken.

Dieser Fall hat mir gezeigt, wie wichtig es ist, flexibel zu bleiben und unterschiedliche Methoden anzuwenden. Jede Methode für sich war ein wertvolles Werkzeug, doch erst ihre Kombination eröffnete mir die Möglichkeit, den Klienten auf einer persönlichen Ebene zu erreichen und eine vertrauensvolle Beziehung aufzubauen. Durch die Anpassung meiner Herangehensweise an seine individuellen Bedürfnisse konnte ich die Beratung gezielt und nachhaltig gestalten. Es wurde deutlich, dass der Einsatz nur einer einzelnen Methode oft nicht ausreicht, um komplexe Situationen zu adressieren. Die Kombination mehrerer Ansätze ermöglichte es mir, kreative Lösungswege zu entwickeln und die Dynamik des Beratungsprozesses optimal zu nutzen. Ich habe erkannt, wie entscheidend es ist, offen für neue Strategien zu bleiben und flexibel auf die sich verändernden Bedürfnisse des Klienten einzugehen. Insbesondere in der Arbeit mit Jugendlichen, die oft unterschiedliche Hintergründe und Herausforderungen mitbringen, zeigt sich, dass eine vielseitige und einfühlsame Herangehensweise wesentlich dazu beiträgt, Fortschritte zu erzielen und das Vertrauen in die eigene Entwicklung zu stärken. Flexibilität und die Bereitschaft zur Anpassung an den individuellen Klienten sind somit Schlüsselkomponenten für erfolgreiche Beratungsarbeit.

Nachtrag:
Leider erschien der Teilnehmer nur wenige Wochen nach seinen sichtbaren Fort-schritten nicht mehr in der Maßnahme. Trotz wiederholter Kontaktversuche blieb er unerreichbar und schied somit aus der berufsvorbereitenden Maßnahme aus. Der zweiwöchige Urlaub über die Weihnachtszeit hat ihn offenkundig in alte Muster zurückgeworfen. Ohne die stabilisierende Struktur der Maßnahme und die regelmäßige Unterstützung war es ihm nicht möglich, seine positive Ent-wicklung aufrechtzuerhalten. Einige Zeit später erhielten mein Kollege und ich jedoch eine E-Mail von ihm, in der er sich für alles bedankte, was wir als Team für ihn getan hatten. Er schrieb, dass er das Gefühl habe, unsere Aufmerksamkeit aufgrund seiner vergangenen Handlungen nicht verdient zu haben. Gleichzeitig entschuldigte er sich für die „Unannehmlichkeiten", von denen er glaubte, uns bereitet zu haben.

Der Ausschluss aus der Maßnahme aufgrund seiner fehlenden Mitwirkung hat mich tief getroffen. Ich hatte während der intensiven Zusammenarbeit Fort-schritte bei ihm gesehen, die mich hoffnungsvoll stimmten. Er zeigte Ansätze von Motivation und die Bereitschaft, aktiv an sich und seinen Problemen, wie etwa dem multiplen Substanzgebrauch, zu arbeiten. Es war schwer zu akzeptieren, dass diese Entwicklung nicht weitergeführt wurde. Trotzdem hat mir dieser Fall auch verdeutlicht, dass wir als Pädagogen nicht jeden „retten" können. Manchmal sind äußere Umstände oder persönliche Hürden stärker, als wir sie professionell beeinflussen können.

Für mich war es eine wichtige Erkenntnis, dass das Scheitern des Jugendli-chen nicht meinen Wert als Pädagogin infrage stellt. Es ist entscheidend, solche Rückschläge nicht persönlich zu nehmen. Vielmehr sehe ich sie als Teil unseres anspruchsvollen Berufs, der uns immer wieder lehrt, flexibel und resilient zu blei-ben. Fehlschläge können schmerzhaft sein, doch sie dürfen uns nicht entmutigen, weiter mit Engagement und Hingabe für unsere Klienten da zu sein. Jeder Fall, ob erfolgreich oder nicht, birgt wertvolle Lektionen, die uns in unserer Profession wachsen lassen.

1.3   Fazit für die Praxis

Fazit zur Anwendung von Methoden im pädagogischen Kontext

Methoden bieten strukturierte und zielgerichtete Möglichkeiten, um pädagogische Prozesse effektiv zu gestalten. Sie geben sowohl Fachkräften als auch Klienten Orientierung und fördern eine aktive Auseinandersetzung mit Themen, Her-ausforderungen und persönlichen Entwicklungsmöglichkeiten. Eine methodische

Vorgehensweise ermöglicht es, Lern- und Veränderungsprozesse bewusst zu gestalten, ohne sich ausschließlich auf Gesprächsformate zu verlassen. Die Anwendung unterschiedlicher Methoden ist ein zentrales Instrument, um den pädagogischen Alltag zu strukturieren und gleichzeitig die Vielfalt individueller Lern- und Entwicklungsprozesse zu unterstützen. Es ist daher von entscheidender Bedeutung, dass Fachkräfte nicht nur die Auswahl der Methoden, sondern auch deren gezielte Anwendung in der jeweiligen Situation im Blick behalten.

Techniken der Methoden im pädagogischen Kontext
Im pädagogischen Kontext gibt es eine Vielzahl von Methoden, die darauf abzielen, den Lern- und Entwicklungsprozess der Klienten zu fördern.

Handlungsorientierte Methoden fördern die aktive Auseinandersetzung der Klienten mit einem Thema, indem sie durch kreative Übungen zum eigenständigen Nachdenken und Handeln anregen. Ein Beispiel für eine solche Methode ist die beschriebene Kaffeebohnen Methode, bei der Klienten mit kleinen, symbolischen Objekten arbeiten, um ein abstraktes Thema zu veranschaulichen. Dies ermöglicht es ihnen, sich auf kreative Weise mit Herausforderungen auseinanderzusetzen und neue Perspektiven auf ein Problem zu entwickeln. Besonders in der Arbeit mit jungen Menschen oder Klienten, die Schwierigkeiten mit rein verbalen Lernmethoden haben, sind handlungsorientierte Ansätze äußerst hilfreich, um das Interesse zu wecken und das Lernen zu erleichtern.

Reflexionsmethoden dienen hingegen dazu, den Klienten zu ermutigen, ihre eigenen Erfahrungen und Emotionen zu überdenken und daraus neue Erkenntnisse zu gewinnen. Ein Beispiel hierfür ist die Methode des Schreibens eines Briefes an sich selbst, bei dem die Klienten ihre Gedanken, Wünsche und Herausforderungen festhalten, um später darauf zurückblicken und ihren persönlichen Entwicklungsweg nachverfolgen zu können. Reflexionsmethoden helfen dabei, das eigene Verhalten und Denken zu hinterfragen und gegebenenfalls neue Perspektiven zu entwickeln. Sie fördern das Selbstbewusstsein und die Selbstwahrnehmung und tragen somit zur Persönlichkeitsentwicklung der Klienten bei. Auch in der pädagogischen Arbeit mit Jugendlichen oder Erwachsenen, die mit belastenden Erfahrungen oder emotionalen Herausforderungen konfrontiert sind, kann die Reflexion helfen, schwierige Themen auf eine wertfreie Weise zu bearbeiten und zu verarbeiten.

Vorteile der Anwendung von Methoden
Die Anwendung von Methoden im pädagogischen Kontext bietet zahlreiche Vorteile, sowohl für die Klienten als auch für die Fachkräfte. Diese Vorteile wirken sich positiv auf den gesamten Lernprozess aus und tragen dazu bei, dass die pädagogische Arbeit nachhaltig und effektiv gestaltet werden kann.

- *Schaffung klarer Struktur und Orientierung:* Fachkräfte können mithilfe von Methoden klare Ziele und Orientierung bieten, die den Klienten helfen, ihre Fortschritte zu verfolgen und zu erkennen. Durch die systematische Anwendung von Methoden erhalten die Klienten einen roten Faden, an dem sie sich orientieren können, was insbesondere bei komplexen Themen und Herausforderungen hilfreich sein kann.
- *Förderung der Selbstwirksamkeit:* Methoden fördern die Selbstwirksamkeit der Klienten, da sie aktiv an der Lösung ihrer eigenen Probleme mitwirken. Dadurch steigt das Vertrauen der Klienten in ihre eigenen Fähigkeiten, was einen positiven Effekt auf ihre Motivation und das Selbstwertgefühl hat.
- *Erhöhte Motivation durch abwechslungsreiche und einprägsame Übungen:* Besonders durch handlungsorientierte und interaktive Ansätze werden die Klienten aus ihrer gewohnten Komfortzone herausgeholt und erhalten die Möglichkeit, sich auf kreative und praxisnahe Weise mit einem Thema auseinanderzusetzen. Dies führt oft zu einer erhöhten Motivation, da die Übungen nicht nur theoretisches Wissen vermitteln, sondern auch praxisnah und erlebbar machen.

Schlüsselelemente der Methodenanwendung
Bei der Anwendung von Methoden im pädagogischen Kontext sind mehrere Schlüsselelemente zu beachten, um die Effektivität der Arbeit sicherzustellen.

- *Anpassung der Methoden an individuelle Bedürfnisse:* Die Auswahl der richtigen Methode sollte stets an die individuellen Bedürfnisse der Klienten angepasst werden. Jede Person bringt unterschiedliche Voraussetzungen, Erfahrungen und Lernstile mit, und daher ist es wichtig, dass die eingesetzten Methoden diesen Unterschieden gerecht werden.
- *Bedeutung der Reflexion nach jeder Übung:* Reflexion ist ein entscheidender Bestandteil jeder Methode. Nach jeder Übung sollten die Klienten die Möglichkeit haben, ihre Erfahrungen zu reflektieren, über das Gelernte nachzudenken und mögliche Veränderungen oder Erkenntnisse zu identifizieren. Ohne diese Reflexion bleibt das Gelernte oft oberflächlich und wird nicht nachhaltig im Gedächtnis verankert.
- *Flexibilität und Kombination von Methoden:* Manchmal ist es notwendig, verschiedene Methoden zu kombinieren oder eine Methode während des Prozesses anzupassen, um den bestmöglichen Lern- oder Veränderungsprozess zu unterstützen.

Die Anwendung von Methoden im pädagogischen Kontext ist ein unverzichtbares Werkzeug, um Lern- und Veränderungsprozesse zu fördern und zu strukturieren.

Handlungsorientierte, reflexive und interaktive Methoden bieten eine breite Palette von Ansätzen, um Klienten aktiv in ihren Entwicklungsprozess einzubinden und ihnen zu helfen, neue Perspektiven zu entwickeln. Die Vorteile dieser Methoden reichen von einer verbesserten Struktur und Orientierung bis hin zu einer gesteigerten Selbstwirksamkeit und Motivation der Klienten. Um den größtmöglichen Erfolg zu erzielen, ist es jedoch wichtig, die Methoden flexibel und an die individuellen Bedürfnisse der Klienten anzupassen und stets die Reflexion als Teil des Lernprozesses zu integrieren. Durch den gezielten und bewussten Einsatz von Methoden können Fachkräfte sicherstellen, dass die pädagogische Arbeit nicht nur effektiv, sondern auch nachhaltig ist.

Metaphern

2

Zusammenfassung

In diesem Kapitel geht es um die außergewöhnliche Kraft von Metaphern in der pädagogischen und beratenden Arbeit. Metaphern sind nicht nur einfache Bilder – sie sind mächtige Werkzeuge, die es ermöglichen, schwierige Themen auf eine zugängliche und emotionale Weise zu bearbeiten. Sie helfen, Probleme visuell aus einer neuen Perspektive zu betrachten und eröffnen gleichzeitig kreative Lösungswege und eine andere Art der Hilfe zur Selbsthilfe. Besonders bei der Arbeit mit Klienten – sei es in der Arbeit mit Kindern, Jugendlichen oder Erwachsenen – können Metaphern emotionale Blockaden lösen und tiefere Einsichten fördern. Was dieses Kapitel besonders spannend macht: Es stellt eine Reihe erprobter Metaphern vor, die direkt in der Praxis angewendet werden können. Diese Metaphern sind nicht nur theoretische Konzepte, sondern konkrete Werkzeuge, die es den Fachkräften ermöglichen, auf die individuellen Bedürfnisse ihrer Klienten einzugehen. Egal ob es um das Lösen von Konflikten, das Überwinden von Ängsten oder das Stärken von Selbstbewusstsein geht – die vorgestellten Metaphern bieten neue Perspektiven, die den Klienten helfen können, ihre Herausforderungen zu meistern.

2.1 Metaphern in der pädagogischen Arbeit

Metaphern sind in der pädagogischen und beratenden Arbeit ein äußerst wirkungsvolles Instrument. Sie bieten die Möglichkeit, komplexe und oft schwer verständliche Themen sowie tiefgreifende emotionale Belastungen auf eine zugängliche, häufig auch entlastende Weise zu thematisieren. Durch ihre bildhafte

© Der/die Autor(en), exklusiv lizenziert an Springer Fachmedien Wiesbaden GmbH, ein Teil von Springer Nature 2025
L. -M. Janz, *Der praktische Methodenkoffer für Pädagogen*,
https://doi.org/10.1007/978-3-658-48378-4_2

und erzählerische Struktur können Metaphern sowohl den Verstand ansprechen als auch tiefere, oft unbewusste Ebenen der Psyche erreichen. Diese doppelte Wirkung – kognitiv und emotional – macht Metaphern zu einem unverzichtbaren Werkzeug, das in verschiedenen Kontexten der Beratung und Pädagogik Anwendung findet. Ob in der Arbeit mit Kindern, Jugendlichen oder Erwachsenen, Metaphern schaffen Zugang zu schwierigen Themen, die in herkömmlicher, verbaler Kommunikation möglicherweise nicht ausreichend bearbeitet werden können.

Der besondere Wert von Metaphern in der Arbeit mit Klienten liegt in ihrer Fähigkeit, eine neue Perspektive auf das Problem zu eröffnen. Oft wirken emotionale und psychische Belastungen lähmend und können das Gefühl vermitteln, in einer Situation gefangen zu sein. Metaphern helfen, dieses Gefühl der Gefangenschaft zu durchbrechen, indem sie die Problematik auf einer symbolischen Ebene darstellen. So kann das Problem beispielsweise als ein Berg dargestellt werden, den es zu erklimmen gilt, oder als ein Sturm, der vorüberzieht. Diese bildhafte Darstellung des Themas ermöglicht es dem Klienten, das Problem mit mehr Abstand zu betrachten, als wäre es ein Ereignis in einem Film, den er von außen beobachtet. Diese Art der Dissoziation, also das Erleben des Themas aus der Distanz, sorgt dafür, dass die Emotionen weniger überwältigend wirken. Sie können das Problem mit einer gewissen emotionalen Sicherheit anschauen, was die Verarbeitung erleichtert und den Druck mindert.

Metaphern haben einen weiteren wichtigen Vorteil: Sie aktivieren nicht nur den kognitiven Bereich des Gehirns, sondern auch die kreativen und emotionalen Regionen, die für die Verarbeitung von Bildern und Gefühlen zuständig sind. Das bedeutet, dass Metaphern den visuellen Kortex und andere Bereiche des Gehirns anregen, die für das Erleben von Bildern und die emotionale Verarbeitung verantwortlich sind. Diese Aktivierung ist besonders hilfreich, wenn es darum geht, festgefahrene Denk- und Verhaltensmuster zu verändern. Während kognitive Ansätze, die auf rein rationaler Analyse beruhen, oft in eingefahrenen Denkmustern verhaften, können Metaphern neue Assoziationen und Lösungen ermöglichen. Das Bild des „Berges", den es zu erklimmen gilt, kann dem Klienten etwa neue Einsichten darüber geben, wie er Schritt für Schritt seine Herausforderungen überwinden kann. Diese Art der bildhaften und emotionalen „Erfahrung" führt häufig zu tiefgehenden, oft unbewussten Einsichten und bietet neue Perspektiven, die im direkten Dialog mit dem Thema möglicherweise nicht zugänglich wären.

Wichtig bei der Arbeit mit Metaphern ist, dass die Metapher selbst nicht notwendigerweise eine exakte Entsprechung zum tatsächlichen Problem des Klienten bieten muss. Vielmehr soll sie strukturelle Parallelen aufzeigen, die es dem Klienten ermöglichen, das Problem aus einer anderen Perspektive zu betrachten. Das bedeutet, dass die Metapher nicht direkt das Problem widerspiegelt, sondern einen Raum öffnet, in dem das Thema in einem neuen Licht erscheinen kann. Dieser Raum der Interpretation ist besonders wertvoll, weil er dem Klienten die Möglichkeit gibt, neue Sichtweisen und Lösungen zu entwickeln, die in einer direkten Auseinandersetzung mit dem Problem möglicherweise nicht so einfach zugänglich wären. Diese Strukturparallelen können dem Klienten helfen, neue Handlungsoptionen zu erkennen und diese in die eigene Lebensrealität zu übertragen.

Für Kinder und Jugendliche bieten Metaphern besonders viele Vorteile. Sie verfügen oft über eine besonders lebendige Fantasie und eine ausgeprägte Fähigkeit zur bildhaften Vorstellung. Diese Eigenschaft macht sie besonders empfänglich für den Einsatz von Metaphern, da sie schnell in der Lage sind, sich mit den dargestellten Bildern und Geschichten zu identifizieren. Dies erleichtert den Zugang zu Themen, die sie ansonsten möglicherweise als zu komplex oder unangreifbar empfinden würden. Wenn beispielsweise ein Kind mit der Angst vor der Schule kämpft, kann die Metapher des „dicken Nebels", der langsam weicht, dazu beitragen, die Erfahrung der Angst zu veranschaulichen und zu relativieren. Die Metapher hilft dem Kind, die Angst zu entpersonalisieren und sie als etwas Vorübergehendes und Überwindbares zu erkennen. Auf diese Weise wird das Kind in seiner eigenen Wahrnehmung und Handlungsfähigkeit gestärkt, was eine wichtige Voraussetzung für den Erfolg der Intervention darstellt.

Auch der Aufbau von Vertrauen in der therapeutischen oder pädagogischen Beziehung wird durch die Arbeit mit Metaphern gefördert. Metaphern eröffnen einen sicheren Raum, in dem der Klient das Gefühl hat, dass seine Emotionen und Gedanken nicht sofort bewertet oder direkt konfrontiert werden. Stattdessen kann der Klient sich in einer Geschichte oder einem Bild wiederfinden, ohne sich der direkten Konfrontation mit seiner eigenen Situation stellen zu müssen. Diese indirekte Herangehensweise senkt die Hürden für das Gespräch und fördert eine Offenheit, die für die Lösung des Problems von entscheidender Bedeutung sein kann. Der Berater oder Pädagoge agiert hier nicht als distanzierter Experte, sondern als ein kreativer Begleiter, der gemeinsam mit dem Klienten neue Wege der Problembewältigung sucht.

Doch die Arbeit mit Metaphern erfordert auch ein hohes Maß an Sensibilität. Die gewählten Metaphern sollten die Realität des Klienten respektieren und nicht zu weit von dessen Erfahrung entfernt sein. Eine gut gewählte Metapher spricht die individuellen Bedürfnisse des Klienten an und lässt Raum für persönliche Interpretationen. Dabei ist es wichtig, dass die Metapher nicht zu allgemein oder zu spezifisch ist, sondern in einem Spannungsfeld liegt, in dem der Klient aktiv werden kann. Die verwendeten Bilder sollten weder zu verunsichernd noch zu banal wirken, sondern eine Brücke zwischen der Erfahrung des Klienten und möglichen Lösungsansätzen schlagen. Dies erfordert ein tiefes Verständnis für die Lebenswelt des Klienten und eine sorgfältige Auswahl der Bilder und Geschichten, die in der Intervention genutzt werden.

In der Praxis können Märchen, Sagen oder frei erfundene Erzählungen eingesetzt werden, um die Fantasie und das kreative Denken des Klienten zu fördern. Diese Geschichten haben oft eine symbolische Struktur, die es dem Klienten ermöglicht, seine eigenen Erfahrungen und Herausforderungen auf eine tiefere Ebene zu reflektieren. In vielen Fällen können Metaphern, die aus der Welt der Märchen stammen, den Klienten nicht nur helfen, ihr Problem zu bewältigen, sondern auch dazu beitragen, ihre eigenen Ressourcen und inneren Stärken zu entdecken. Auf diese Weise wird die Selbstwirksamkeit des Klienten gestärkt – er erfährt, dass er in der Lage ist, Lösungen zu finden und seine Probleme zu überwinden. Ein anschauliches Beispiel ist das Märchen *Hänsel und Gretel,* in dem die Kinder mit existenziellen Ängsten wie Verlassenwerden, Orientierungslosigkeit und Bedrohung konfrontiert werden. Doch anstatt aufzugeben, nutzen sie ihre Klugheit, ihren Zusammenhalt und ihren Mut, um sich aus der gefährlichen Situation zu befreien. Die Geschichte vermittelt somit nicht nur eine Problematik, sondern auch Lösungsstrategien, die auf Überlebenswillen, Anpassungsfähigkeit und gegenseitige Unterstützung basieren. Ebenso helfen Metaphern in der pädagogischen und beratenden Arbeit dabei, schwierige Lebenssituationen zu veranschaulichen. Sie ermöglichen es Klienten, sich mit der erzählten Situation zu identifizieren, ohne sich direkt exponieren zu müssen, und regen dazu an, über neue Perspektiven und Handlungsoptionen nachzudenken. So wird durch eine erzählerische Herangehensweise ein sicherer Raum geschaffen, in dem Probleme bearbeitet und innere Ressourcen aktiviert werden können.

Abschließend lässt sich sagen, dass Metaphern in der pädagogischen und beratenden Arbeit ein äußerst wertvolles Werkzeug darstellen. Sie ermöglichen es, komplexe Themen auf eine Art und Weise zu bearbeiten, die sowohl den Verstand als auch die Emotionen des Klienten anspricht und so tiefgehende Veränderungen anstoßen kann. Metaphern eröffnen neue Perspektiven, regen die Fantasie an und fördern die kreative Problemlösung. In der Arbeit mit Klienten tragen sie dazu bei, dass emotionale Blockaden überwunden, neue Einsichten gewonnen und langfristige positive Veränderungen erzielt werden können.

2.1.1 Die Gammelfleisch Metapher

Steht als Symbol für die Selbstwahrnehmung.

Wenn es dem Klienten schwerfällt, sich von negativen Menschen zu distanzieren, nutze folgende Metapher:

Angenommen, du hast ein frisches, saftiges Stück Fleisch. Es riecht angenehm, sieht einladend aus und ist voller Nährstoffe. Nun legst du es direkt neben ein bereits verdorbenes, übelriechendes Stück Fleisch, das voller Bakterien und Fäulnis ist. Was passiert? Das frische Fleisch bleibt nicht lange frisch. Die Keime und der Gestank des verdorbenen Fleisches übertragen sich nach und nach auf das frische Stück. Ohne Schutz oder Abstand wird es bald ebenfalls ungenießbar.

Genauso verhält es sich mit Menschen und ihrer Energie. Wenn du dich häufig mit negativen, toxischen oder ständig jammernden Personen umgibst, wirst du ihre Einstellung unbewusst übernehmen. Ihre schlechte Laune, ihr Pessimismus und ihre destruktiven Gedanken färben auf dich ab – selbst wenn du eigentlich positiv eingestellt bist. Nach und nach verlierst du deine eigene Energie, deine Freude und deine Motivation, weil die negative Atmosphäre dich beeinflusst. Deshalb ist es so wichtig, bewusst darauf zu achten, mit wem du dich umgibst. Suche stattdessen Menschen, die dich inspirieren, unterstützen und dir ein gutes Gefühl geben. Denn genauso wie Negativität ansteckend ist, kann auch Positivität sich verbreiten – wenn du dich für das richtige Umfeld entscheidest.

2.1.2 Die Mönch Metapher

Steht als Symbol für die Abgrenzung.

Ein weiser, alter Mönch hatte beschlossen, nie wieder zu kämpfen. Doch eines Tages wurde er von einem jungen Krieger herausgefordert. Der Meister blieb ruhig sitzen und zeigte keine Reaktion. Der Krieger versuchte daraufhin, ihn mit Provokationen aus der Fassung zu bringen. Er beleidigte ihn und verspottete sogar seine Ahnen. Doch der Meister ertrug die Schmähungen mit Gelassenheit.

Schließlich gab der junge Krieger frustriert auf und zog davon. Die Schüler des Meisters waren verwundert und zugleich beschämt darüber, dass ihr Lehrer sich nicht gewehrt hatte. Sie fragten ihn nach dem Grund.

Daraufhin stellte der Meister eine Frage: „Wenn euch jemand ein Geschenk überreichen will und ihr lehnt es ab – wem gehört es dann?" Die Schüler antworteten: „Natürlich bleibt es bei demjenigen, der es schenken wollte." Der Meister nickte und erklärte: „Genauso verhält es sich mit Neid, Wut und Hass. Wenn wir sie nicht annehmen, bleiben sie bei dem, der sie aussendet."

2.1.3 Die Hindernis Metapher

Steht als Symbol für das Setzen realistischer Ziele

Eines Tages kam eine Tochter zu ihrer Mutter, voller Begeisterung für ein neues Ziel, das sie erreichen wollte. Ihre Liste der Vorhaben wurde immer länger, und ihr Tatendrang schien grenzenlos. Die Mutter lächelte sanft und sprach: „Stell dir vor, dein Leben ist eine große Berglandschaft. Jeder Gipfel steht für ein Ziel, das du erreichen möchtest – der Sieg im Springreiten, ein Notendurchschnitt von 1,0, ein stets aufgeräumtes Zimmer und die Wahl zur Klassensprecherin. Begeistert möchtest du alle Gipfel gleichzeitig erklimmen, doch je mehr du es versuchst, desto steiler und unerreichbarer erscheinen sie. Deine Kräfte schwinden, und du kommst nicht voran."

Die Tochter sah gedankenverloren auf. Die Mutter fuhr fort: „Deshalb ist es wichtig, dir deine Gipfel bewusst zu machen – schreibe sie auf, halte sie dir vor Augen. Doch vergiss nicht: Kein Bergsteiger erreicht den Gipfel in einem einzigen Sprung. Der Weg nach oben führt über viele kleine Schritte, über Hindernisse, Felsen und enge Pfade, manchmal sogar durch Nebel. Wenn du versuchst, alles auf einmal zu bewältigen, wirst du stolpern. Doch wenn du dich auf einen Schritt nach dem anderen konzentrierst, wirst du sicher vorankommen." Nach kurzem Nachdenken huschte ein Lächeln über das Gesicht der Tochter. „Jetzt verstehe ich", sagte sie. „Wenn ich zu viele Gipfel gleichzeitig erklimmen will, bleibe ich stehen. Ich muss mich auf den nächsten sicheren Tritt konzentrieren – Schritt für Schritt, bis ich oben ankomme."

2.1.4 Die Captain Metapher

Steht als Symbol für die Abgrenzung.

Die Liebe ist wie eine weite, unberechenbare See. Wenn wir für einen Menschen starke Gefühle hegen, scheint es, als seien unsere Schiffe durch unsichtbare Seile miteinander verbunden. Wird sein Boot von Stürmen erfasst, spüren wir die

Erschütterungen, als würden die Wellen auch unser eigenes Schiff zum Schwanken bringen. Sein Schmerz wird zu unserem Schmerz, sein Kampf zu unserem Kampf. Doch in all unserer Fürsorge dürfen wir eines nicht vergessen: Wir sind nicht der Kapitän seines Schiffes. Nicht einmal Teil der Crew. Jeder von uns segelt auf seinem eigenen Boot, steuert durch seine eigenen Gewässer. Und so sehr es uns auch drängt, ihm in stürmischen Zeiten beizustehen, wäre es ein Fehler, unser eigenes Ruder loszulassen und an Bord seines Schiffes zu springen. Denn wer steuert dann unser eigenes Boot?

Das bedeutet nicht, dass wir hilflos zusehen müssen. Wir können in Rufweite bleiben, unsere Laterne leuchten lassen, ihm zurufen, wo ruhigeres Fahrwasser liegt. Wir können ihm zeigen, dass er nicht allein ist. Doch wir müssen die Grenze wahren, die verhindert, dass wir mit ihm in den Strudel gezogen werden. Denn nur wenn unser eigenes Schiff stabil bleibt, können wir wirklich für die Menschen da sein, die uns am Herzen liegen.

2.1.5 Die Turmspringer Metapher

Steht als Symbol für das Warten, bis sich etwas ändert/richtig anfühlt.

Der Mann stand auf dem Sprungbrett, hoch über dem tiefen, dunkelblauen Wasser, das unter ihm wie ein unbekanntes, unberührtes Land lag. Der Wind strich durch seine Haare, doch seine Füße fühlten sich schwer wie Blei. Seine Augen starrten auf das Wasser, doch in seinem Inneren war ein ständiger Sturm. Was, wenn das Wasser kälter war, als er dachte? Was, wenn er unterging? Was, wenn er nie wieder auftauchte? Seine Gedanken wirbelten wild und chaotisch, wie die Wellen, die er gerade zu fürchten begann.

„Vielleicht… vielleicht mache ich es ein anderes Mal", flüsterte er sich selbst zu, die Worte waren wie ein schwacher Trost. Ein weiteres Mal, dachte er. So oft hatte er schon gewartet, immer gehofft, dass der richtige Moment kommen würde – doch der kam nie. Der Moment, in dem er sich sicher fühlte, in dem alle Ängste verschwanden, war ein Phantom. Er hatte gelernt, sich zurückzuhalten, immer zu zögern, weil er nicht wusste, was ihn erwartete, wenn er sich einfach fallen ließ.

Doch plötzlich durchbrach ein Summen seine Gedanken. Eine Biene, die schwirrend an seinem Ohr vorbeizog, ließ ihn zusammenzucken. Instinktiv schlug er nach ihr, seine Hand wirbelte in der Luft, und in dem Moment verlor er das Gleichgewicht. Es war, als ob das Sprungbrett selbst mit ihm zögerte. In einer einzigen, schrecklichen Sekunde taumelte er vorwärts und stürzte in die Leere.

Der Fall schien eine Ewigkeit zu dauern, obwohl er nur wenige Sekunden umfasste. Die Ängste, die er sich so lange ausgemalt hatte, stürzten auf ihn herab wie die Wellen, die ihn nun erwarteten. „Was, wenn ich jetzt untergehe? Was, wenn ich niemals wieder auftauche?" Seine Gedanken rasten, während er durch die Luft fiel, die Zeit schien stillzustehen, und der Boden unter ihm schien immer weiter zu sinken. Noch nie hatte er sich so hilflos, so machtlos gefühlt.

Doch dann – mit einem plötzlichen Aufprall – landete er im Wasser. Der Aufschlag war nicht der befürchtete, schmerzhafte Stoß, sondern eher ein befreiender Ruck, der ihm den Atem nahm. Und dann: Stille. Die kalten, klaren Wellen umschlossen ihn, aber sie waren nicht feindlich, nicht drohend. Sie waren erfrischend, beruhigend.

Er tauchte auf, blinzelte gegen das Sonnenlicht, das sich auf der Wasseroberfläche spiegelte, und erkannte mit einem Schlag: Nichts von dem, was er sich so lange ausgemalt hatte, war eingetreten. Die Panik, die er fühlte, während er fiel, war nichts im Vergleich zu dem, was er in diesem Moment erlebte. Der kalte Schock des Wassers war nicht zu spüren, es war fast wohltuend. Die Welt, die er sich in seinem Kopf gebaut hatte – voll von Ängsten und düsteren Gedanken – existierte nicht in der Realität.

Er schwamm an die Oberfläche, atmete tief ein und blickte auf das Sprungbrett zurück. Eine tiefe Erkenntnis durchströmte ihn, eine Erkenntnis, die ihm den ganzen Körper durchzog: Die wahre Angst ist die Vorstellung. Der Sprung selbst hatte nichts von dem mit sich gebracht, was er fürchtete. Es war die Dunkelheit des Unbekannten, die ihn gelähmt hatte. Aber als er sich einfach fallen ließ, als er die Kontrolle aufgab und in die Tiefe stürzte, fand er etwas völlig anderes: Befreiung.

Mit einem entschlossenen Blick auf das Ufer schwamm er weiter, das Herz leichter, die Gedanken klarer. Er wusste jetzt, dass es keinen perfekten Moment gibt. Der perfekte Moment ist der Moment, in dem man sich entscheidet, einfach zu springen. Denn die Ängste, die man sich über die Jahre aufgebaut hat, sind nichts anderes als Schatten, die im Licht der Realität verschwinden.

2.1.6 Die Geldschein Metapher

Steht als Symbol für die Änderung des Blickwinkels/eigener Selbstwert.

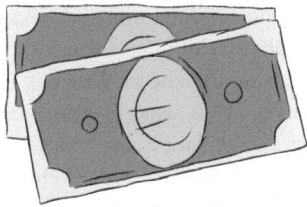

In einer kleinen Stadt lebte ein alter, zerknitterter Geldschein. Er war einst frisch und neu, glänzte in den Händen der Menschen und wurde immer wieder geschätzt und genutzt. Doch im Laufe der Zeit wurde der Geldschein von vielen Händen weitergereicht, in Taschen vergraben, in Geldbörsen zerknüllt und schließlich im Regen vergessen. Er verlor seinen Glanz, wurde schmutzig und trug viele Falten. Viele begannen, ihn kaum noch zu beachten. Eines Tages landete der Geldschein auf einem staubigen Boden, zerdrückt von den Füßen der Passanten. Die Menschen, die an ihm vorbeigingen, beachteten ihn kaum. Einige traten sogar darauf, ohne es zu merken. Doch plötzlich blieb ein Mann stehen, bückte sich und hob den Schein auf. Er betrachtete ihn für einen Moment und steckte ihn dann in seine Tasche. Niemand hatte ihm viel Beachtung geschenkt, doch der Mann hatte den Wert des Scheins sofort erkannt. Als er mit dem Schein in der Hand weiterging, dachte er nach. Der Schein hatte viel durchgemacht – er war zerknittert, schmutzig und abgenutzt – aber sein Wert war immer noch unberührt. Der Mann lächelte, denn er hatte verstanden, dass der wahre Wert eines Menschen oder einer Sache immer erhalten bleibt, egal wie oft er heruntergemacht oder übersehen wird. Doch es liegt an uns, diesen Wert zu erkennen und zu schätzen – und ihn nicht zu übersehen, nur weil das Äußere nicht mehr perfekt ist.

2.1.7 Die Garderobenständer Metapher

Steht als Symbol für das Achten auf eigene Bedürfnisse

Ich stehe hier in einem überfüllten Flur, immer wieder kommen Menschen zu mir und werfen ihre Lasten auf meine Stangen. Jacken, Taschen, Schirme – all die Dinge, die sie nicht mehr tragen können oder wollen. Anfangs nehme ich alles ohne Widerstand an, denn ich bin da, um zu helfen. Jeder Ballast, der mir übergeben wird, scheint mir ein Stück weit zu gehören, ein Teil dessen zu sein, was ich tun soll. Doch mit der Zeit wird es immer mehr. Immer mehr Menschen kommen, immer mehr Lasten werden abgelegt, und ich fühle, wie ich immer schwerer werde. Es ist, als würde ich mich biegen unter all dem, was ich trage. Die Jacken hängen schwer an meinen Stangen, die Taschen drückend gegen meinen Körper. Ich kann kaum noch meine eigene Form erkennen, so voll bin ich mit den Lasten der anderen. Und während sie ihre Sorgen ablegen, bin ich nur ein stummer Zeuge, der sich selbst immer weniger wahrnimmt. Ich habe keine Zeit, um zu atmen, keine Zeit, um meine eigene Schwere zu spüren, denn immer wieder kommt jemand und legt noch etwas ab – und ich nehme es an. Ich merke, wie ich mich verändere, wie der Platz um mich herum immer enger wird. Die Lasten der anderen füllen mich aus. Doch irgendwo, tief in mir, spüre ich den Drang, mich zu befreien, Raum zu schaffen, meine Stangen von den schweren Lasten zu befreien. Nur dann werde ich wieder der Garderobenständer sein, der ich einmal war – bereit, die Dinge zu tragen, aber auch bereit, sie wieder loszulassen, wenn es zu viel wird. Denn ohne diesen Raum für mich selbst, kann ich niemandem wirklich helfen.

2.1.8   Die Bach Metapher

Steht als Symbol für Selbstvertrauen/Wachstum.

Am Rande einer endlosen, kargen Landschaft schlängelte sich ein kleiner, klarer Bach durch das trockene Land. Sein Wasser glitzerte im Sonnenlicht, und an seinen Ufern wuchsen vereinzelt grüne Gräser, die dem harten Boden Leben einhauchten. Oft blieben Vögel auf ihren weiten Reisen bei ihm stehen, tauchten ihre Schnäbel ins kühle Wasser und erzählten ihm von fernen Orten, von üppigen Wäldern und großen Meeren, die er nie gesehen hatte.

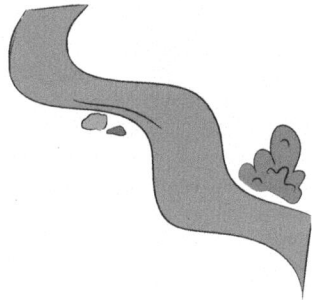

Warum bleibst du hier?" fragte eines Tages eine Schwalbe, während sie sich auf einem Stein am Ufer niederließ. „Jenseits dieser Einöde gibt es Flüsse, die mächtig ins Meer fließen. Dort könntest du viel mehr sein, als du jetzt bist."

Der Bach plätscherte nachdenklich. „Ich weiß nicht... Ich bin doch nur ein kleiner Bach. Diese Landschaft scheint so riesig und unbarmherzig. Was, wenn ich mich verliere oder versickere? Was, wenn ich einfach aufhöre zu existieren?"

Ein alter Kranich, der bereits viele Sommer erlebt hatte, trat ans Ufer, senkte bedächtig den Kopf und sprach mit tiefer Stimme: „Veränderung kann beängstigend sein, aber ohne sie wirst du nie erfahren, was in dir steckt. Vielleicht wartet jenseits dieser Weite etwas, das du dir nicht einmal vorstellen kannst."

Die Worte der Vögel hallten in dem kleinen Bach nach. Tag für Tag dachte er darüber nach, während er weiter seine gewohnten Bahnen zog. Doch mit jeder vorbeiziehenden Wolke wuchs seine Sehnsucht. Schließlich, an einem besonders heißen Tag, beschloss er, es zu wagen. Er ließ los, ließ sich treiben – und spürte, wie die Sonne ihn sanft emporhob. Sein Wasser verwandelte sich in feinen Dunst, der aufstieg und sich mit der Luft vermischte.

Zunächst fühlte sich alles fremd an. Er konnte seinen eigenen Körper nicht mehr spüren, war nur noch ein Teil von etwas Größerem. Doch bald bemerkte er, dass er nicht allein war. Andere Tropfen schlossen sich ihm an, sie sammelten sich zu Wolken, die der Wind über das ausgedörrte Land trug.

Tagelang trieb der Bach in seiner neuen Gestalt durch den Himmel, beobachtete die Landschaft unter sich, bis er schließlich das Meer erreichte. Als der Regen sanft auf die Wellen fiel, erkannte er sich selbst darin wieder. Er war nicht verschwunden – er war nur gewachsen, hatte sich verändert und doch war er immer noch er selbst.

Während er sich von den Meeresströmungen tragen ließ, dachte er an die Schwalbe, an den alten Kranich und an den Mut, den es gebraucht hatte, sich auf das Ungewisse einzulassen. Ein leises Lächeln schien über das Wasser zu huschen, als er flüsterte: „Ich habe mich gewandelt – und doch war ich nie mehr ich selbst als jetzt."

2.1.9 Die Kaffeedosen Metapher

Steht als Symbol für Inkongruenz

Ein Gelehrter bat seinen Schüler zu einem Gespräch. Beide saßen sich gegenüber, als der Gelehrte eine Kaffeedose aus dem Schrank holte. Er stellte sie vor den Schüler und fragte: „*Was denkst du, befindet sich in dieser Dose?*" Der Schüler antwortete mit einem Lächeln: „*Kaffee!*" Der Gelehrte fragte weiter: „*Bist du dir ganz sicher?*" Der Schüler nickte voller Überzeugung, deutete auf den Schriftzug der Dose und auf den Geruch. Der Gelehrte schüttelte die Dose. Ein leises Rasseln war zu hören, als verschiedene Gegenstände in der Dose sich bewegten. Der

Schüler schaute überrascht und fragte: *„Was war das?"* Der Gelehrte sah ihn mit einem wissenden Blick an und sagte: *„Weißt du wirklich, was sich darin befindet? Könntest du es erraten, nur anhand des Geräusches?"* Der Schüler schüttelte den Kopf und gab zu, dass er es nicht wusste. Der Gelehrte lächelte und fuhr fort: *„So empfinde ich manchmal auch den Kontakt zwischen uns. Was du nach außen hin zeigst, ist nicht immer das, was wirklich in dir steckt. Du sagst oft, dass es dir gut geht, aber ich merke, dass es innerlich anders aussieht. Wie bei dieser Dose – das Etikett sagt „Kaffee", aber was wirklich darin ist, kannst du nur erfahren, wenn du den Deckel öffnest. Ich kann nicht wissen, was dich wirklich bewegt oder belastet, wenn du es nicht mit mir teilst. Nur wenn du den Deckel öffnest und mir zeigst, was in dir steckt, kann ich dir helfen."* Der Schüler saß still und dachte nach. Der Gelehrte hatte ihm auf eine einfache, aber tiefgründige Weise gezeigt, dass wahre Hilfe nur möglich ist, wenn man bereit ist, sich zu öffnen und das Innerste zu zeigen.

2.1.10 Die Rückspiegel Metapher

Steht als Symbol für das Entwickeln/Loslassen

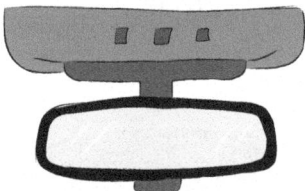

Ein Vater und sein Sohn saßen schweigend nebeneinander auf einer Parkbank. Der Junge starrte nachdenklich in die Ferne, seine Gedanken weit entfernt, gefangen in den schönen Momenten der Vergangenheit. Der Vater bemerkte die Schwere in den Augen seines Sohnes und legte ihm sanft eine Hand auf die Schulter. Nach einer Weile, als das Schweigen beinahe greifbar wurde, fragte der Vater mit einem weichen Lächeln: *„Was glaubst du, passiert, wenn man beim Fahren eines Autos nur in den Rückspiegel schaut?"* Der Junge blickte seinen Vater verwirrt an, dann dachte er einen Moment nach und antwortete zögerlich: *„Man verpasst die ganze Straße vor sich, könnte einen Unfall bauen oder wichtige Schilder übersehen".* Der Vater nickte weise und sagte ruhig: *„Genau mein Kind. Wenn du ständig in die Vergangenheit schaust, verlierst du den Blick für das, was vor dir liegt. Die Vergangenheit ist wichtig, sie hat dich hierhergebracht, aber die Zukunft*

wartet darauf, dass du sie entdeckst. Entdecke sie mit den Erfahrungen und schönen Momenten aus deiner Vergangenheit, aber lasse dich von ihr nicht leiten. "
Mit diesen Worten schien der Junge zum ersten Mal die Last der Vergangenheit ein Stück loszulassen. Ein kleines, fast unsichtbares Lächeln erschien auf seinem Gesicht, und sein Blick löste sich langsam von den prägenden Gedanken der Vergangenheit. Er begann, die Möglichkeit eines neuen Weges zu sehen, der vor ihm lag.

2.1.11 Die Milchglas Metapher

Steht als Symbol für das Visualisieren negativer Einflüsse

Es war ein sonniger Morgen, und der Duft von frisch gebackenem Brot lag in der Luft. Kleine Sonnenstrahlen tanzten auf dem Küchentisch, als das kleine Mädchen mit großen Augen aus dem Fenster blickte. Sie war durstig und hatte plötzlich große Lust auf ein Glas kalte Milch. *„Mama, darf ich bitte ein Glas Milch?"* fragte sie mit einer leichten Stimme. Ihre Mutter, die gerade in der Küche am Herd stand, drehte sich mit einem Lächeln zu ihr um und nickte. Sie stellte ein sauberes, glänzendes Glas auf die Theke, füllte es mit frischer, kühler Milch und reichte es dem kleinen Mädchen mit einem liebevollen Blick. Doch als das Mädchen gerade das Glas in die Hand nehmen wollte, zog ihre Mutter es plötzlich zurück. Verwundert blinzelte das kleine Mädchen und schaute zu ihrer Mutter auf. *„Mama, was ist los?"* fragte sie. Mit einem schüchternen

Lächeln setzte die Mutter das Glas wieder ab und öffnete eine kleine Küchen-schublade. Sie zog ein Löffelchen hervor und begann, kleine Dinge in das Glas zu schütten – Staub vom Küchentisch, zerbröselte Brötchenkrümel und sogar den Überrest eines Zigarettenstummels, den sie zuvor auf dem Fensterbrett hatte abkühlen lassen. Das kleine Mädchen starrte mit weit aufgerissenen Augen auf das Glas. *„Warum tust du das?"*, fragte sie ganz verdutzt. *„Du bist das Glas, mein Schatz,"* sagte die Mutter mit ruhiger Stimme, *„und die Milch in diesem Glas steht für deine Energie, deine Gedanken und deine Gefühle. Du möchtest klar und ungetrübt sein, oder? Aber manchmal gibt es Dinge, Menschen oder Gedanken, die dir 'Dreck' bringen – Negativität, Sorgen oder schlechte Einflüsse."* Das Mädchen sah zu, wie ihre Mutter weiterhin Krümel und Staub ins Glas schüttete und fügte dann hinzu: *„Genauso wie du diese Milch nicht trinken würdest, wenn sie verun-reinigt ist, solltest du darauf achten, was du in deinen Geist und dein Herz lässt. Manchmal kommen negative Gedanken, Menschen oder Ereignisse in dein Leben, und sie machen deine 'innere Milch' trübe. Du musst wissen, wie du dich vor diesen negativen Einflüssen schützt."*

„Aber wie soll ich das machen?" fragte das kleine Mädchen, immer noch etwas unsicher, was ihre Mutter meinte. Die Mutter setzte sich neben sie und legte ihre Hand sanft auf die Schulter ihrer Tochter. *„Es geht nicht darum, den negativen Dingen immer aus dem Weg zu gehen, meine Kleine,"* sagte sie mit einer warmen Stimme, *„denn das Leben ist nie ganz frei von schwierigen Momenten. Es geht aber darum, wie du darauf reagierst. Du kannst nicht immer verhindern, dass der 'Dreck' in dein Glas kommt, aber du kannst entscheiden, was du mit ihm machst."* Das kleine Mädchen überlegte eine Weile und fragte dann: *„Was passiert, wenn ich den 'Dreck' nicht wegmache?" „Der Dreck wird sich in deiner Milch vermischen und trübt sie. Genauso wie du das Glas nicht trinken würdest, wenn es schmutzig ist, solltest du darauf achten, dass du nicht zulässt, dass negative Gedanken und Gefühle sich zu sehr in deinem Leben ausbreiten. Aber das Gute ist: Du kannst immer entscheiden, dich von ihnen zu befreien. Du kannst lernen, dich von schädlichen Gedanken zu trennen und dich nur mit den Dingen und Menschen zu umgeben, die dir gut tun."* Die Mutter nahm das Glas, schüttete vorsichtig alles Verunreinigte wieder heraus und füllte es dann erneut mit frischer, klarer Milch. Das Mädchen nahm das Glas behutsam in ihre kleinen Hände und betrachtete die klare Milch darin. Sie spürte eine sanfte Wärme in ihrem Herzen, als sie realisierte, dass sie selbst die Kontrolle über das hatte, was sie in ihrem Leben zulassen wollte. *„Ich verstehe, Mama"* flüsterte sie, als sie langsam einen Schluck nahm und die kühle Milch ihren Durst stillte. *„Manchmal,"* fuhr die Mutter fort, *„wirst du auf Dinge stoßen, die dir nicht guttun. Aber du kannst immer entscheiden, wie du darauf reagierst. Achte darauf, deine Gedanken und deine Seele zu schützen,*

damit deine innere Milch immer rein und klar bleibt.“ Das kleine Mädchen lächelte sanft und sah ihre Mutter mit einer neuen Erkenntnis in den Augen an. *„Danke, Mama,“* sagte sie leise, *„ich werde daran denken.“* In diesem Moment fühlte sie sich leichter, als ob sie einen großen, unsichtbaren Ballast abgeworfen hätte. Die Welt vor ihr war klarer, und sie wusste jetzt, dass sie die Kontrolle darüber hatte, wie sie ihre Gedanken und Gefühle wählte. Ihre Milch würde immer rein bleiben, solange sie achtsam und bewusst war.

2.1.12 Die Pflanzen Metapher

Steht als Symbol für Achtsamkeit und die Bedeutung von (Selbst)Fürsorge

Es war einmal eine kleine Pflanze, die in einer düsteren, vergessenen Ecke eines verlassenen Raumes stand. Der Raum war von Staub bedeckt, und das einzige Geräusch war das gelegentliche Knirschen von altem Holz. Die Pflanze hatte sich in diesem trostlosen Winkel verloren und fühlte sich unsichtbar und bedeutungslos. Ihre Blätter hingen schlaff herab, wie die Schultern eines erschöpften Wanderers, und die zarten Wurzeln, die tief im Boden vergraben waren, fühlten sich leer und schwach an. Sie hatte schon so lange in der Dunkelheit verharrt, dass sie nicht mehr wusste, wie es sich anfühlte, im Licht zu leben.

Die Zeit verging in endlosen Stunden der Stille, und die Pflanze war sich sicher, dass niemand sie jemals bemerken würde. Sie hatte das Gefühl, dass ihre Bedürfnisse nicht wahrgenommen wurden, dass ihre Existenz keinen Unterschied machte. Sie wusste, dass sie in der Dunkelheit gefangen war, und ohne Hilfe konnte sie nicht überleben.

Doch eines Tages, als der Raum von einem schwachen Sonnenstrahl durchzogen wurde, trat ein kleines Kind in den Raum. Das Kind war neugierig, es hatte sich verlaufen und suchte nach einem neuen Abenteuer. Als es die Pflanze entdeckte, die traurig und vergilbt in ihrer Ecke stand, blieb es stehen und betrachtete sie lange, mit großen, mitfühlenden Augen. *„Oh je, du siehst wirklich traurig aus"*, sagte das Kind leise, als ob es der Pflanze die Worte aus der Seele lesen konnte. Mit behutsamen Händen hob das Kind die Pflanze aus der Ecke, in der sie so lange alleine gewesen war. Es spürte die Zerbrechlichkeit und die Schwäche der Pflanze und fühlte eine tiefe Verbundenheit. Das Kind wusste sofort, dass es ihr helfen musste, dass es ihr zeigen musste, dass sie nicht allein war. Es trug die Pflanze vorsichtig zum Fenster, wo das Sonnenlicht in vollen Strahlen hereinfiel. Die Wärme des Lichts berührte sanft die Blätter der Pflanze, und ein kleines Gefühl von Hoffnung keimte in ihr auf.

„Du brauchst das Licht", dachte das Kind und stellte die Pflanze auf die Fensterbank. Die ersten Sonnenstrahlen streichelten die Blätter der Pflanze, und sie begannen, sich ein kleines Stück mehr zu erheben. Doch das Kind wusste, dass mehr nötig war. Es holte eine Gießkanne und füllte sie mit frischem Wasser, das im Raum wie ein Versprechen des Lebens schimmerte. Mit Bedacht goss das Kind das Wasser auf die Wurzeln der Pflanze. Es spürte förmlich, wie die Pflanze mit jedem Tropfen, den es goss, aufatmete. Es war, als ob die Wurzeln nach dem Wasser lechzten, als ob sie sich nach dem Leben selbst sehnten. In diesem Moment begann die Pflanze, sich zu erfrischen, und ihre Blätter begannen, sich zu heben, als ob sie zum ersten Mal nach Jahren des Wartens die Freiheit spürten.

„Danke", flüsterte die Pflanze in Gedanken, als sie sich streckte und stolz ihre Blätter dem Licht entgegenstreckte. Die Dunkelheit der Ecke, in der sie so lange gefangen war, schwand immer mehr, als ob das Licht nicht nur die Pflanzenwelt berührte, sondern auch ihr Inneres erhellte.

Mit jedem Tag, an dem das Kind sich um sie kümmerte, wuchs die Pflanze ein kleines Stück mehr. Sie blühte nicht nur wegen des Lichts und des Wassers, sondern auch durch die liebevolle Fürsorge, die ihr entgegengebracht wurde. Das Kind sprach mit der Pflanze, erzählte ihr von seinen Träumen, und die Pflanze konnte fühlen, wie sie sich mit jedem Gespräch, jeder kleinen Geste der Aufmerksamkeit, stärker und lebendiger fühlte.

Die kleine Pflanze hatte gelernt, dass es manchmal nur einen einzigen Menschen braucht, der einen sieht, der sich die Zeit nimmt, zuzuhören und zu helfen, um das Leben zu verändern. Sie hatte erkannt, dass, auch wenn man sich manchmal schwach und vergessen fühlt, es immer jemanden geben kann, der einem hilft, wieder zu wachsen, der einem das Licht bringt, das man braucht, um zu gedeihen. Nur weil dieses kleine Kind ihr das Licht brachte und sich um sie kümmerte, konnte die Pflanze wieder aufblühen, und sie entfaltete ihr wahres Potenzial. Sie wusste nun, dass es auch in den dunkelsten Momenten einen Weg gibt, wieder zu wachsen, und dass die Fürsorge eines anderen das größte Geschenk sein kann, das einem zuteilwerden kann. Die Pflanze hatte nicht nur das Licht und das Wasser gebraucht, sondern auch den Glauben und die Liebe eines anderen, um sich selbst wieder zu finden.

2.1.13 Die Rucksack Metapher

Steht als Symbol für das Loslassen

Es war einmal ein weiser Gelehrter, der mit seinem Schüler auf einem langen, beschwerlichen Wanderweg durch einen Wald reiste. Die Sonne brannte heiß auf ihre Schultern, und der Weg schien immer steiler zu werden. Der Schüler trug einen schweren Rucksack, der ihn mehr und mehr zu erdrücken schien. Mit jedem Schritt kämpfte er sich weiter, die Schultern sanken tiefer, und seine Füße fühlten sich an, als würden sie im Boden vergraben. Der Gelehrte bemerkte den Schmerz in den Augen des Schülers und hielt plötzlich an.

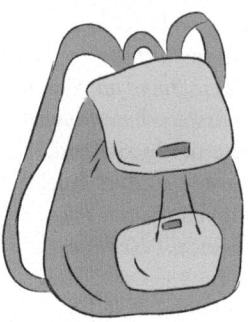

„Mein lieber Schüler", sagte der Gelehrte sanft, *„stelle dir vor, du trägst auf deinem Lebensweg einen Rucksack. Dieser Rucksack ist unsichtbar für andere, doch du spürst ihn immer. Er ist gefüllt mit allem, was du im Laufe deines Lebens gesammelt*

hast: den freudigen Erinnerungen, den Fähigkeiten, die dich stärken, aber auch den schmerzhaften Sorgen und ungelösten Problemen, die dich belasten. Manchmal, so wie bei dir heute, spürst du das Gewicht dieses Rucksacks stärker als je zuvor."
Der Schüler ließ seinen Blick auf den Rucksack fallen und fühlte, wie die Last ihn noch mehr niederdrückte. *„Ja, Meister, ich kann es kaum noch ertragen. Der Weg scheint unendlich und der Rucksack immer schwerer."*

Der Gelehrte fuhr fort, mit einem liebevollen Lächeln: *„Doch es gibt eine Weisheit, die du dir zu eigen machen solltest: Du musst nicht alles tragen, was sich in deinem Rucksack befindet. Setze ihn ab, öffne ihn, und betrachte den Inhalt. Welche Dinge trägst du mit dir, weil du denkst, sie gehören zu dir, oder weil sie einst wichtig waren? Aber erinnere dich: Nicht alles, was dich in der Vergangenheit begleitet hat, ist auch für deine Zukunft von Nutzen. Frage dich bei jedem Gegenstand: ‚Brauche ich das noch? Dient es mir noch auf meinem Weg?'"*

Mit zitternden Händen legte der Schüler den Rucksack ab und öffnete ihn langsam. Vorsichtig zog er die erste Erinnerung heraus: ein vergilbtes Foto von einer alten Freundschaft, die längst zerbrochen war. Tränen stiegen ihm in die Augen, doch er wusste, dass er sich nicht länger an die verlorene Verbindung festhalten durfte. Weiter zog er ein weiteres Bild hervor, dieses von einem schmerzhaften Verlust, der ihn jahrelang geplagt hatte. Die Wunden, die er seit so langer Zeit trug, spürte er immer noch in seinem Herzen. Aber in diesem Moment verstand er: Nicht alles, was schmerzt, muss mitgetragen werden.

„Ich habe so viel, was ich nicht mehr brauche", flüsterte der Schüler, seine Stimme zitternd vor Emotionen. *„So viele Lasten, die ich mir über die Jahre aufgeladen habe."*

Der Gelehrte setzte sich neben ihn und sprach mit sanfter, aber fester Stimme: *„Ja, du musst lernen loszulassen, mein Schüler. Du darfst nicht zulassen, dass der Schmerz von gestern dein Heute zerstört. Es gibt Dinge, die du nicht länger tragen musst, um voranzukommen. Wie ein Baum im Winter, der seine alten Blätter abwirft, damit neue wachsen können, musst auch du Raum schaffen für Neues."*

Der Schüler nahm die Worte tief in sich auf. Langsam legte er den Stein der Schuld und das Bild des Verlustes ab. Der Rucksack, der eben noch so schwer war, fühlte sich plötzlich viel leichter an. *„Ich verstehe, Meister"*, sagte er leise, *„ich habe so viel Raum für Neues, für Heilung, für Freude, wenn ich nur den Mut finde, loszulassen."*

Der Gelehrte nickte zufrieden und lächelte mitfühlend. *„Ja, mein lieber Schüler. Der Weg mag immer noch lang sein, doch je mehr du loslässt, desto mehr wirst du in der Lage sein, voranzuschreiten. Nicht alle Lasten müssen getragen werden. Manchmal ist es das Loslassen, das uns die Freiheit gibt, den richtigen Weg zu finden."*

Der Schüler stand auf, mit einem erneuten, leichteren Schritt. Der Rucksack war zwar noch bei ihm, aber die Dinge, die er wirklich brauchte, waren nun die einzigen, die er trug. Und so setzten sie ihren Weg fort, der Schüler mit einem Herzen, das leichter und freier war als je zuvor.

2.1.14 Die Glasbruch Metapher

Steht als Symbol für das Loslassen und Akzeptanz
    Es war einmal ein schönes, klares Glas. Makellos, glänzend und so rein, dass man sich darin spiegeln konnte. Es stand für die Reinheit und Stabilität einer Beziehung, ein Symbol für das Vertrauen, die Nähe und die Harmonie zwischen zwei Menschen. Zu Beginn war das Glas bis zum Rand mit Flüssigkeit gefüllt – sie repräsentierte die Liebe, die ungehindert zwischen ihnen floss. Alles schien perfekt, die Verbindung war stark und unverfälscht, und das Glas wurde mit Sorgfalt, Achtsamkeit und Wertschätzung behandelt.

Doch eines Tages geschah es: Ein Missverständnis entstand. Ein unbedachtes Wort, das falsch aufgenommen wurde, hinterließ einen feinen Riss im Glas. Zunächst war dieser kaum sichtbar, niemand schenkte ihm viel Beachtung. Doch mit der Zeit kamen weitere Risse hinzu – jedes unausgesprochene Gefühl, jedes ungeklärte Problem, jedes verletzende Schweigen ließ das Glas weiter brechen. Jedes Mal, wenn etwas zwischen ihnen stand, wenn sie sich nicht verstanden fühlten oder ihre Sorgen für sich behielten, wurde der Riss ein Stückchen größer.

Irgendwann bemerkten sie, dass die Flüssigkeit, die einst das Glas füllte, langsam durch die Risse sickerte. Was früher mühelos und selbstverständlich gewesen war – Vertrauen, Liebe, Geborgenheit – schien nun allmählich zu verblassen. Sie versuchten, das Glas zu retten, wollten es nicht einfach aufgeben. Mit Kleber und aller Kraft versuchten sie, die Brüche zu kitten, das Glas wieder zusammenzusetzen, in der Hoffnung, es würde wieder so makellos und stark wie einst. Doch egal wie sorgfältig sie vorgingen, die Risse blieben sichtbar. Es war nicht mehr dasselbe. Die einst glatte Oberfläche war nun von feinen Linien durchzogen, Erinnerungen an all die kleinen und großen Wunden, die über die Zeit entstanden waren.

Trotz aller Bemühungen wurde das Glas brüchiger, seine Stabilität nahm ab. Die Flüssigkeit floss immer weiter heraus, und mit ihr entwich das Gefühl der Sicherheit und Verbundenheit. Die Anstrengung, das Glas zu retten, kostete immer mehr Kraft. Sie gaben ihre Energie in den Versuch, etwas zu reparieren, das bereits unwiederbringlich verändert war. Das Festhalten an der Vergangenheit, an der Vorstellung, dass alles wieder so werden könnte wie früher, ließ sie immer erschöpfter zurück.

Eines Tages, als sie wieder einmal versuchten, das Glas mit noch mehr Kleber zusammenzusetzen, geschah etwas Unerwartetes. Sie hielten inne. Sie spürten die Erschöpfung, die in ihnen wuchs. Und plötzlich wurde ihnen klar, dass es nicht das Glas war, das sie retten mussten – sondern sich selbst. Der Versuch, die Risse zu verdecken, hatte ihnen mehr Kraft genommen als das Loslassen jemals könnte. Sie erkannten, dass es nicht immer möglich ist, eine zerbrochene Verbindung wieder vollständig zu heilen.

Und so fassten sie eine Entscheidung. Anstatt weiterhin zu kämpfen, anstatt zu versuchen, das Unveränderbare zu korrigieren, entschieden sie sich, das Glas loszulassen. Nicht aus Resignation, sondern aus Erkenntnis. Sie verstanden, dass manche Dinge nicht für immer bestehen, dass manches nicht geheilt, sondern akzeptiert werden muss. Mit einem letzten Blick auf das zerbrochene Glas ließen sie es hinter sich. Sie gingen getrennte Wege – nicht mit Bitterkeit, sondern mit der Einsicht, dass das Festhalten an etwas Zerbrochenem nicht die Antwort war. Und während sie sich losließen, begannen sie, sich selbst zu heilen.

2.1.15 Der Mann und sein Korb Metapher

Steht als Symbol für das Selbstbild und die Selbstüberzeugung.

Vor langer Zeit reisten ein alter Mann und ein junger Geselle gemeinsam durch ein weites, unbekanntes Land. Der alte Mann trug einen großen, schweren Korb, der ihn tief beugte. Mit jedem Schritt stöhnte er unter der Last, sein Atem ging schwer. Der junge Geselle beobachtete ihn voller Sorge und fragte schließlich: *„Soll ich den Korb für dich tragen? Er scheint viel zu schwer für dich zu sein."* Doch der Alte schüttelte nur langsam den Kopf und antwortete mit müder Stimme: *„Dieser Korb gehört mir. Ich muss ihn selbst tragen."*

Neugierig fragte der Junge weiter: *„Was ist denn in diesem Korb? Warum ist er so schwer?"* Der Alte aber schwieg und setzte seinen Weg fort. Tag für Tag zogen sie weiter, über Hügel und Täler, durch Wälder und über Flüsse. Die Sonne brannte, der Regen prasselte auf sie herab, und doch ließ der Alte seinen Korb niemals los. Immer wieder bot der Junge ihm an, ihm zu helfen, doch jedes Mal lehnte der Alte ab. In den dunklen Nächten, wenn sie am Lagerfeuer saßen, hörte der Junge manchmal, wie der Alte in seinem Korb wühlte und leise vor sich hin murmelte, als würde er mit den Dingen darin sprechen. Doch der Junge traute sich nicht, weiter nachzufragen.

Eines Tages jedoch wurde der alte Mann schwer krank. Sein Gesicht war bleich, seine Hände zitterten, und er wusste, dass seine Reise bald enden würde. Er legte sich nieder, sah den jungen Gesellen mit müden Augen an und sagte: *„Du hast oft gefragt, was in meinem Korb ist. Heute will ich es dir endlich sagen."* Seine Stimme war schwach, aber seine Worte drangen tief ins Herz des Jungen.

„In diesem Korb sind all die Zweifel, Ängste und falschen Überzeugungen, die ich mein Leben lang mit mir getragen habe", fuhr der Alte fort. *„Jeder Kieselstein des Zweifels, jedes Sandkorn der Unsicherheit und jeder große Stein meiner tiefsten Ängste – all das habe ich in meinem Korb gesammelt. Ich hielt es für wichtig, für unumgänglich, und so habe ich es ertragen."*

Der junge Geselle lauschte gebannt, und der Alte fuhr fort: *„Doch nun erkenne ich, dass diese Last mich nur aufgehalten hat. Hätte ich sie losgelassen, wäre ich weitergekommen, hätte mehr gesehen, mehr erlebt. Doch ich habe mich von meinen Sorgen niederdrücken lassen, anstatt frei meinen Weg zu gehen."*

Er atmete schwer und griff nach der Hand des Jungen. Mit einem letzten, schwachen Lächeln sagte er: *„Lass dir eines sagen, mein Junge: Trage nicht das, was dich zurückhält. Lege die falschen Lasten ab und folge deinem eigenen Weg. Nur so wirst du wahrhaftig vorankommen."*

Und mit diesen Worten schloss der alte Mann seine Augen für immer. Der junge Geselle saß noch lange neben ihm, blickte auf den schweren leeren Korb.

2.2   Fazit für die Praxis

Metaphern sind mehr als nur sprachliche Stilmittel – sie sind Werkzeuge, die es ermöglichen, komplexe oder belastende Themen auf eine intuitive und oft entlastende Weise zu vermitteln. In der pädagogischen und beratenden Arbeit helfen sie dabei, Probleme aus einer neuen Perspektive zu betrachten, ohne direkt konfrontierend zu wirken. Eine gut gewählte Metapher kann Emotionen wecken, Reflexionen fördern und neue Handlungsimpulse auslösen.

Techniken zur Anwendung von Metaphern
Der gezielte Einsatz von Metaphern in der pädagogischen und beratenden Arbeit bietet zahlreiche Vorteile. Eine Metapher schafft einen sicheren Rahmen, in dem sich Klienten nicht direkt exponiert fühlen. Sie ermöglicht es, auf einer bildhaften Ebene über Herausforderungen zu sprechen, ohne sich unmittelbar damit auseinanderzusetzen zu müssen. Durch den Bezug auf vertraute Bilder oder Geschichten wird die innere Auseinandersetzung erleichtert.

Ein zentraler Aspekt ist die Erkenntnis, dass es *alternative Deutungen* für Probleme gibt. Diese Perspektivenerweiterung kann helfen, neue Lösungswege zu entdecken, die ohne die Metapher möglicherweise nicht ersichtlich gewesen wären. Zudem kann die Anwendung von Metaphern den Zugang zu schwierigen Themen erleichtern, da Klienten sich durch die bildhafte Darstellung oft weniger allein mit ihrem Problem fühlen. Wenn sie sehen, dass andere Menschen ähnliche Herausforderungen durchleben und bewältigen konnten, kann dies Hoffnung und Motivation spenden.

Vorteile des Einsatzes von Metaphern
Der Nutzen von Metaphern in der pädagogischen und beratenden Arbeit ist vielseitig:

• *Vereinfachung komplexer Sachverhalte:* Durch die bildhafte Darstellung lassen sich auch schwierige Themen verständlich und greifbar vermitteln.
• *Anschauliches Erklären:* Metaphern ermöglichen es, abstrakte Konzepte auf eine Art und Weise darzustellen, die emotional und kognitiv leichter zugänglich ist.
• *Senkung von Widerständen:* Da Metaphern Probleme indirekt ansprechen, erzeugen sie oft weniger Abwehrhaltungen als eine direkte Konfrontation.
• *Förderung der Selbstreflexion:* Klienten können durch Metaphern ihre eigene Situation aus einer neuen Perspektive betrachten und selbstständig Lösungsansätze entwickeln.
• *Langfristige Wirkung:* Bildhafte Erzählungen bleiben leichter im Gedächtnis haften und können auch noch lange nach einem Gespräch wirksam sein.

Schlüsselelemente einer wirkungsvollen Metapher
Damit eine Metapher in der pädagogischen oder beratenden Praxis ihre volle Wirkung entfalten kann, sollten einige zentrale Aspekte beachtet werden:

• *Alltagstauglichkeit und Verständlichkeit:* Die Metapher muss an die Erfahrungswelt des Klienten anknüpfen und leicht nachvollziehbar sein.
• *Aktivierung positiver Ressourcen:* Sie sollte dazu beitragen, innere Stärken zu fördern, anstatt problemverstärkend zu wirken.
• *Offenheit für eigene Deutungen:* Eine gute Metapher erlaubt es dem Klienten, eigene Schlussfolgerungen zu ziehen und das Bild auf seine individuelle Situation zu übertragen.

Metaphern können somit bei einem richtigen Einsatz ein wertvolles Werkzeug in der pädagogischen und beratenden Arbeit sein. Durch die gezielte Auswahl passender Metaphern können Fachkräfte eine unterstützende und inspirierende Gesprächsatmosphäre schaffen, die nachhaltige Veränderungen ermöglicht. Ihre Stärke liegt nicht nur in der Vermittlung von Inhalten, sondern vor allem in ihrer Fähigkeit, Gedanken, Gefühle und Lösungsansätze auf einer tiefen Ebene zu verankern.

Arbeit mit Gegenständen

3

Zusammenfassung

In diesem letzten Kapitel geht es um die faszinierende Technik der Arbeit mit Gegenständen, die eine ganz besondere Wirkung in der pädagogischen Arbeit entfaltet. Sie hilft dabei, abstrakte Gefühle und Gedanken greifbar zu machen, die für viele Klienten schwer verständlich oder ausdrückbar sind. Durch den Einsatz von Symbolen und Alltagsgegenständen wird es möglich, emotionale Blockaden zu lösen und neue Perspektiven zu gewinnen. Durch das physische Erleben entsteht ein neues, tiefes Verständnis, das sich durch die Haptik besonders intensiv ins Bewusstsein einprägt. Auf diese Weise eröffnen sich Zugänge zu Klienten auf einer anderen, einfacheren Ebene – indem man alltägliche Objekte nutzt, um komplexe Probleme symbolisch darzustellen.

3.1 Pädagogische Arbeit mit Gegenständen

Die Arbeit mit Gegenständen bietet sowohl aus pädagogischer als auch aus psychologischer Sicht zahlreiche Vorteile. Sie stellt eine wirkungsvolle Technik dar, um Klienten bei der Reflexion ihrer Gedanken, Gefühle und Verhaltensmuster zu unterstützen und hilft, innere Prozesse sichtbar zu machen. Dabei werden Gegenstände gezielt eingesetzt, um abstrakte Konzepte wie Emotionen, Gedanken oder Verhaltensweisen greifbar zu machen und den Klienten neue Perspektiven zu eröffnen.

Ein großer Vorteil der Arbeit mit Gegenständen ist ihre Fähigkeit, komplexe und abstrakte Themen anschaulich darzustellen. Besonders Klienten, die Schwierigkeiten haben, ihre inneren Erfahrungen verbal auszudrücken, können durch den Einsatz von Gegenständen ihre Gedanken und Gefühle klarer erkennen. Ein

Beispiel könnte ein Stein sein, der als Symbol für die Schwere von Sorgen oder Ängsten dient, oder ein leichtes Objekt, das Hoffnung und Lösungen darstellt. Durch die haptische und visuelle Erfahrung werden abstrakte Themen greifbar und besser verständlich.

Psychologisch betrachtet fördern Gegenstände die Selbstreflexion und helfen, emotionale Blockaden zu lösen. Klienten werden ermutigt, mit den Objekten zu interagieren und ihre Gefühle auf eine neue Weise zu erfahren. Ein Symbolobjekt, das für eine schwierige Erinnerung oder ein ungelöstes Problem steht, kann dem Klienten helfen, eine emotionale Distanz zu gewinnen, indem er das Problem metaphorisch „ablegt". So wird es möglich, schwierige Themen zu bearbeiten, ohne sich zu überwältigt oder bedroht zu fühlen.

Darüber hinaus haben Gegenstände eine starke Wirkung auf die Wahrnehmung und die emotionale Verarbeitung. Sie aktivieren sowohl das Bewusstsein als auch das Unterbewusstsein und fördern den Zugang zu tieferen Gefühlen. Durch das Halten oder Umgestalten eines Objekts können Klienten auf bisher unbewusste oder unterdrückte Emotionen wie Trauer, Wut oder Freude stoßen und diese verarbeiten. Diese Prozesse ermöglichen es, emotionale Reaktionen zu verstehen und zu steuern, was die persönliche Entwicklung stärkt.

Die Arbeit mit Gegenständen fördert zudem die Kreativität und Problemlösungsfähigkeiten. Sie ermöglicht es den Klienten, neue Perspektiven auf ihre Herausforderungen zu entwickeln und kreative Lösungen zu finden. Der Umgang mit verschiedenen Objekten hilft, festgefahrene Denkmuster zu durchbrechen und fördert ein flexibles, lösungsorientiertes Denken. Diese kreative Herangehensweise unterstützt den Klienten dabei, neue Handlungsmöglichkeiten zu erkennen und anzuwenden, was die Resilienz und die Fähigkeit zur Selbsthilfe stärkt.

Nicht zuletzt bieten Gegenstände praktische und symbolische Unterstützung in schwierigen Momenten. Sie dienen als „Anker" oder Erinnerung an innere Ressourcen, die der Klient in belastenden Situationen aktivieren kann. Ein einfaches Symbolobjekt kann dem Klienten helfen, sich zu zentrieren und emotionale Regulierungsstrategien anzuwenden. Indem ein Klient auf diese Weise seine eigenen Ressourcen bewusst macht, stärkt er sein Gefühl von Kontrolle und Selbstwirksamkeit.

Insgesamt bietet die Arbeit mit Gegenständen eine wertvolle Unterstützung in der pädagogischen und psychologischen Arbeit. Sie hilft Klienten, ihre inneren Prozesse zu visualisieren, emotionale Blockaden zu überwinden und kreative Lösungsstrategien zu entwickeln. Diese Beratungstechnik fördert nicht nur das Verständnis für abstrakte Konzepte, sondern unterstützt auch die persönliche Entwicklung und das emotionale Wohlbefinden der Klienten.

3.1.1 Der FusselABroller

Bei negativer Grundstimmung

Ein einfacher, aber wirkungsvoller Einstieg in eine Beratungssitzung kann durch den symbolischen Einsatz eines FusselABrollers als „Schlechte-Laune-Abroller" erfolgen. Diese Übung dient dazu, belastende Gedanken, negative Emotionen oder störende innere Zustände greifbar zu machen und sie im wahrsten Sinne des Wortes „abzurollen". Sie bietet eine spielerische, niedrigschwellige Möglichkeit, um den Übergang in den Beratungsprozess zu erleichtern und eine positivere Grundstimmung zu fördern.

Die Methode beginnt mit einer kurzen Einführung durch die beratende Fachkraft, die die Symbolik des Abrollers erklärt und den Klienten dazu einlädt, störende Gedanken oder Gefühle durch sanftes Abrollen von Schultern, Armen oder anderen Körperstellen loszuwerden. Währenddessen können begleitende Fragen wie *„Welche Gedanken möchtest Du gerade loslassen?"* oder *„Wie fühlt es sich an, diese Belastung abzutragen?"* helfen, den Prozess bewusster zu gestalten. Anschließend wird das abgerollte Papier sichtbar abgerissen und von dem Klienten selbst entsorgt, um den symbolischen Akt des Loslassens zu verstärken. Dieser bewusste Moment der Entsorgung kann das Gefühl der inneren Erleichterung intensivieren und die Bereitschaft für neue Gedanken und Lösungsansätze fördern. Eine kurze Reflexion über das Erlebte kann den Übergang in die eigentliche Beratung erleichtern und den Fokus auf eine lösungsorientierte Zusammenarbeit lenken.

Diese Methode lockert die Atmosphäre, reduziert Anspannung und schafft einen positiven Einstieg in das Gespräch. Besonders geeignet ist sie für Kinder, Jugendliche oder Personen, die sich verbal schwer öffnen. Da der FusselABroller ein alltäglicher Gegenstand ist, kann die Technik leicht erlernt und auch im privaten Umfeld angewendet werden, um belastende Gedanken bewusst loszulassen.

Durch ihre einfache und humorvolle Anwendung ermöglicht der „Schlechte-Laune-Abroller" eine spielerische Form der emotionalen Entlastung und hilft dabei, den mentalen Raum für neue Perspektiven freizumachen.

3.1.2 Post it

Als Mutanker und zur Stärkung des Selbstvertrauens

Post it können den Klienten dabei helfen, ihre Ängste vor neuen Herausforderungen zu minimieren. Sei es ein Vortrag, eine Abschlussklausur oder ein Vorstellungsgespräch. Der Klient wird zunächst dazu angeregt, über die bevorstehende Situation nachzudenken und seine Ängste und Befürchtungen zu benennen, um ein klares Bild der Herausforderung zu erhalten.

Im nächsten Schritt wird der Klient gebeten, auf einen Post it positive und stärkende Worte zu schreiben. Diese Worte sollen ihm Vertrauen in seine Fähigkeiten und Klarheit darüber geben, dass er die Herausforderung bewältigen kann. Zusätzlich kann der Klient auch vertraute Menschen aus seinem Umfeld darum bitten, positive Ermutigungen zu formulieren. Diese äußeren Bestärkungen können das Selbstvertrauen des Klienten weiter stärken und ihm zeigen, dass auch andere an ihn glauben.

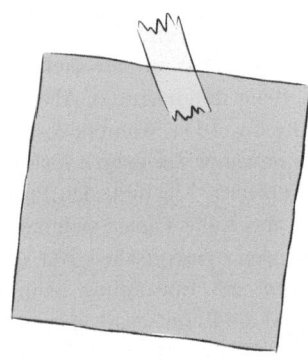

Der Post it wird -sichtbar oder unter der Kleidung- an der Brust des Klienten angebracht, um symbolisch zu verdeutlichen, dass er jederzeit auf diese positiven Worte zugreifen kann. Dieser Zettel wird zu einem ständigen Begleiter, der den Klienten daran erinnert, dass er in der Lage ist, Herausforderung zu meistern. In stressigen oder unsicheren Momenten wird der Klient angeleitet, den Zettel bewusst zu lesen und sich die positiven Worte innerlich zu wiederholen. Dadurch kann er seine innere Sicherheit und sein Vertrauen in sich selbst aktivieren.

3.1.3   Der Schwamm I

Bei Überforderung

Ein einfacher, aber wirkungsvoller Weg, um die zunehmende Belastung eines Menschen anschaulich darzustellen, ist die folgende Übung. Diese Visualisierung kann in Beratungsgesprächen, Coachings oder pädagogischen Settings eingesetzt werden, um Klienten ein besseres Verständnis für die Auswirkungen von Stress und Überforderung zu vermitteln.

Zu Beginn wird ein trockener Schwamm in die Hand des Klienten gelegt. Dieser Schwamm symbolisiert die Gegenwart, die sich in einem belastbaren Zustand befindet. Nach und nach wird Wasser auf den Schwamm geträufelt – jede Wassermenge steht dabei für eine bestimmte Belastung oder Anforderung im Alltag. Währenddessen können typische Stressfaktoren benannt werden, beispielsweise:

*   Zusätzliche Aufgaben im Beruf oder in der Schule
*   Hoher Leistungsdruck durch Training oder Prüfungen
*   Soziale Verpflichtungen und familiäre Erwartungen
*   Fehlende Erholungszeiten und Ruhephasen

Zunächst nimmt der Schwamm das Wasser problemlos auf, so wie Menschen in einem gesunden Zustand Belastungen bis zu einem gewissen Grad bewältigen können. Doch mit jeder weiteren Zugabe von Wasser sättigt sich der Schwamm allmählich. Irgendwann kann er keine zusätzliche Flüssigkeit mehr aufnehmen, und das Wasser beginnt, an den Seiten herauszulaufen.

Dieses Überlaufen veranschaulicht den Punkt, an dem der Klient die persönliche Belastungsgrenze erreicht hat. In diesem Zustand können selbst kleine zusätzliche Anforderungen zu einer Überforderung führen. An dieser Stelle kann gemeinsam reflektiert werden:

- Wann beginnt der eigene Schwamm überzulaufen?
- Wie fühlt sich dieser Moment an?
- Welche Strategien helfen dabei, den Schwamm regelmäßig auszuwringen – also Stress abzubauen?

Die Metapher ermöglicht es Klienten, sich bewusst mit ihrer eigenen Belastungsfähigkeit auseinanderzusetzen. Sie bietet zudem einen Anknüpfungspunkt, um über den gezielten Abbau von Stress und die Bedeutung von Pausen zu sprechen. In der praktischen Anwendung kann diese Übung nicht nur für Einzelgespräche genutzt werden, sondern auch als Gruppenerfahrung, bei der Teilnehmende ihre eigenen Belastungsgrenzen reflektieren und austauschen.

So wird durch ein einfaches, haptisches Beispiel verdeutlicht, warum regelmäßige Entlastung notwendig ist, um langfristig leistungsfähig und gesund zu bleiben.

3.1.4   Der Schwamm II

Bei negativen Umgängen

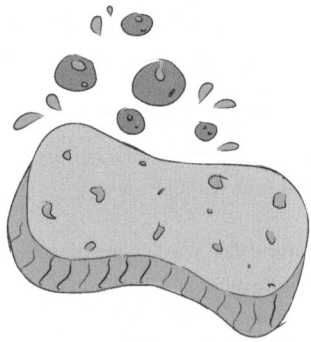

Der Klient stellt sich einen Schwamm vor, der als Symbol für sein Leben und seine Erfahrungen dient. Der Schwamm kann alles aufsaugen, was ihm begegnet – sowohl Positives als auch Negatives. Der Klient hält den Schwamm in der Hand und wird gefragt: *„Was möchtest du langfristig im Leben aufsaugen und nie*

wieder hergeben?" Hier geht es darum, positive Erlebnisse, wertvolle Beziehungen oder Ziele zu reflektieren – all das, was ihn stärkt und ihm hilft, ein erfülltes Leben zu führen. Dann wird er gebeten, sich vorzustellen, wie es sich anfühlen würde, wenn der Schwamm stattdessen negative Eigenschaften aufsaugt – wie den Umgang mit Menschen, die sich gesetzeswidrig verhalten, oder das Fehlen von Zukunftsperspektiven.

Diese Reflexion zeigt dem Klienten, dass er aktiv entscheiden kann, welche Einflüsse er in seinem Leben zulässt und speichert. Negative Einflüsse können langfristig die persönliche Entwicklung und Lebensqualität beeinträchtigen, während positive Erlebnisse und unterstützende Menschen den Schwamm mit wertvollen, stärkenden Eigenschaften füllen. Ziel der Methode ist es, dem Klienten zu helfen, bewusste Entscheidungen darüber zu treffen, was er in sein Leben aufnimmt, um ein gesundes und erfülltes Leben zu führen.

3.1.5 Die Cola Flasche

Bei nötiger Emotionsregulation

Diese Methode bietet Menschen, die oft impulsiv und schnell auf Situationen reagieren, eine anschauliche Möglichkeit, den Umgang mit innerem Druck zu reflektieren.

Zu Beginn nimmt der Pädagoge eine Cola-Flasche und erklärt dem Klienten, dass diese Flasche ein Symbol für den inneren Druck darstellt, den wir manchmal aufbauen, wenn wir mit stressigen oder herausfordernden Situationen konfrontiert sind. Der Klient wird gebeten, die Flasche kräftig zu schütteln. Dabei soll er sich vorstellen, dass der Druck, den er in seinem Inneren fühlt – sei es Wut, Frustration oder Stress – in dieser Flasche angesammelt wird. Je mehr er schüttelt, desto mehr Druck wird aufgebaut, wie sich auch unsere eigenen Spannungen aufbauen können, wenn wir sie nicht bewusst abbauen.

Der Pädagoge erklärt, dass die Flasche nun den inneren Zustand des Klienten widerspiegelt. In diesem Moment spricht der Pädagoge mit dem Klienten über die möglichen Folgen eines plötzlichen Ausbruchs. *„Was glaubst du, würde passieren, wenn wir jetzt diese Flasche öffnen?"* Der Klient wird vermutlich die Unordnung und das Chaos erkennen, das entstehen würde. Dann bittet der Pädagoge den Klienten, die Flasche langsam zu öffnen, sodass der Inhalt vorsichtig und ohne Chaos entweichen kann. Der Klient merkt, dass der Druck allmählich und kontrolliert abgebaut wird, ohne dass die Flüssigkeit unkontrolliert herausspritzt. Der Pädagoge erklärt dem Klienten, dass die Lösung in einer schrittweisen und bewussten Regulierung von Emotionen liegt, um impulsive und möglicherweise schädliche Reaktionen zu vermeiden.

Im nächsten Schritt spricht der Pädagoge mit dem Klienten über die Bedeutung von Selbstregulation. Der Pädagoge erklärt dem Klienten, dass es sich gut anfühlen kann, den Druck langsam und kontrolliert abzubauen. In stressigen Momenten kann er durch bewusstes Innehalten, tiefes Durchatmen und schrittweises Loslassen des inneren Drucks ruhiger und klarer reagieren. So behält der Klient die Kontrolle und reduziert die Gefahr, impulsiv oder unüberlegt zu handeln.

Der Klient wird angeregt, über sein eigenes Verhalten nachzudenken. In welchen Situationen hat er in der Vergangenheit impulsiv reagiert, ohne den Druck abzubauen? Und in welchen Momenten könnte er diese Technik anwenden, um besser mit seinen Emotionen umzugehen? Der Pädagoge fordert den Klienten auf, zu reflektieren, wie er diese bewusste, langsame Druckentlastung in seinem Alltag umsetzen könnte, besonders in stressigen oder konfliktbeladenen Situationen.

Am Ende der Übung erinnert der Pädagoge den Klienten daran, dass, genauso wie die Cola-Flasche nicht explosiv öffnet, wenn sie vorsichtig behandelt wird, auch seine Emotionen nicht unkontrolliert ausbrechen müssen, wenn er lernt, sie bewusst zu regulieren. Der Klient bekommt die Aufgabe, sich in der nächsten stressigen Situation vorzustellen, wie er den "Deckel öffnet" – langsam und kontrolliert, um den Druck sanft abzulassen.

Diese Übung verdeutlicht, dass auch innere Spannungen nicht sofort entladen werden müssen, sondern dass es sinnvoll ist, den Druck sanft und kontrolliert abzulassen. Die Person lernt so, dass ein bewusster, schrittweiser Umgang mit Ärger und Frustration im Alltag hilfreich sein kann und dass impulsive Reaktionen die eigene und die emotionale Sicherheit anderer gefährden können.

3.1.6 Das Gummiband

Symbolisiert Risiken bei Überforderung

Die Benutzung eines Gummibandes hilft, um das Konzept der Abgrenzung zu veranschaulichen und den Klienten zu helfen, den inneren Druck und Schmerz zu verstehen, der entsteht, wenn persönliche Grenzen nicht respektiert werden. Das Gummiband wird dabei zu einem Symbol für die emotionale Belastung, die sich aufbaut, wenn man sich nicht abgrenzt.

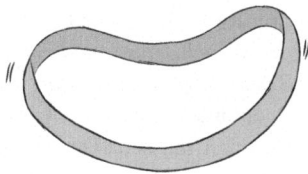

Zu Beginn der Übung nimmt der Klient ein Gummiband und legt es locker um sein Handgelenk. Der Pädagoge oder Berater bittet ihn, das Band langsam auseinanderzuziehen, während er erklärt, dass das Gummiband symbolisch für den inneren Stress steht, der entsteht, wenn man es versäumt, klare Grenzen zu setzen – sei es im Umgang mit anderen Menschen oder gegenüber den eigenen Emotionen und Bedürfnissen.

Während das Gummiband allmählich gedehnt wird, spürt der Klient zunehmend die Spannung, die sich in der elastischen Struktur aufbaut. Dies veranschaulicht, wie sich emotionale und psychische Belastung verstärken kann, wenn man zu lange in einem Zustand der Überforderung verharrt oder sich nicht ausreichend schützt. Der Pädagoge lenkt die Aufmerksamkeit des Klienten auf das körperliche Empfinden: *„Spürst du, wie das Band sich strafft? Wie fühlt es sich an, wenn der Widerstand zunimmt? Empfindest du bereits einen unangenehmen Druck?"*

Mit jeder weiteren Dehnung steigt der Zug auf der Haut, ähnlich wie sich innerer Stress und emotionale Anspannung mit der Zeit verstärken, wenn man eigene Bedürfnisse ignoriert oder sich zu sehr an äußeren Erwartungen orientiert. Der Pädagoge erklärt, dass viele Menschen unbewusst in solchen Mustern gefangen sind: Sie versuchen, allem gerecht zu werden, sagen selten Nein oder unterdrücken ihre eigenen Gefühle, um Konflikte zu vermeiden. Doch ähnlich wie das Gummiband irgendwann an seine Belastungsgrenze kommt, erreicht auch der Mensch einen Punkt, an dem er erschöpft oder überfordert ist.

In diesem Moment fordert der Berater den Klienten auf, innezuhalten und bewusst wahrzunehmen, was gerade geschieht: *„Was fühlst du jetzt? Wird der Schmerz stärker? Welche Gedanken gehen dir durch den Kopf? Gibt es Situationen in deinem Leben, in denen du sich genauso angespannt oder überfordert fühlst?"* Diese Reflexionsphase hilft dem Klienten, Parallelen zu seinen eigenen Erfahrungen zu erkennen.

Anschließend wird der Klient dazu angeleitet, das Gummiband langsam wieder zu entspannen. Dabei spürt er, wie der Druck allmählich nachlässt und das unangenehme Gefühl sich auflöst. Der Pädagoge nutzt diesen Moment, um auf die Bedeutung gesunder Abgrenzung hinzuweisen: *„So wie das Gummiband sich entspannt, sobald du loslässt, kann auch deine innere Anspannung nachlassen, wenn du bewusst Grenzen setzt und deine eigenen Bedürfnisse ernst nimmst."*

Diese Übung verdeutlicht eindrucksvoll, dass Überlastung und Stress nicht zwangsläufig hingenommen werden müssen. Der Klient erkennt, dass er durch bewusste Selbstfürsorge – durch klare Kommunikation, Nein-Sagen oder das Schaffen von Auszeiten – seinen inneren Druck verringern kann. Dies führt nicht nur zu mehr Wohlbefinden, sondern auch zu einem gestärkten Selbstbewusstsein und einer besseren Kontrolle über das eigene Leben.

3.1.7 Die Brille der Perspektiven

Bei der Bewertung von Alternativen und Optionen

Diese Übung ist eine wirkungsvolle und spielerische Technik, die Klienten dabei unterstützt, ihre Probleme aus verschiedenen Blickwinkeln zu betrachten und festgefahrene Denkmuster aufzubrechen. Dabei schlüpft der Klient in unterschiedliche Rollen, die durch das Aufsetzen verschiedener Brillen symbolisiert werden. Jede Brille steht für eine spezifische Sichtweise auf das Problem, wie z. B. die Optimisten-Brille, die Kindheits-Brille, die Pessimisten-Brille, die Chef-Brille oder die Zukunfts-Ich-Brille.

Zu Beginn der Übung wird der Klient eingeladen, die erste Brille aufzusetzen und bewusst aus der entsprechenden Perspektive zu sprechen. Jede Brille steht dabei für eine bestimmte Denkweise oder Haltung gegenüber dem Problem, die ihm dabei hilft, es aus einem neuen Blickwinkel zu betrachten. Die Optimisten-Brille fordert ihn beispielsweise dazu auf, die positiven Aspekte der zukünftigen Situation zu betonen. Er wird angeregt, sich zu fragen: *Was könnte das Gute an dieser Herausforderung sein? Welche Chancen oder Lernmöglichkeiten ergeben sich daraus? Wie könnte ich gestärkt aus dieser Situation hervorgehen?* Diese Perspektive hilft oft dabei, neue Zuversicht zu gewinnen und sich auf konstruktive Lösungswege zu konzentrieren, anstatt sich von negativen Gedanken blockieren zu lassen.

Eine völlig andere Perspektive bietet die Kindheits-Brille, die den Klienten dazu einlädt, das Problem mit den Augen seines jüngeren Selbst zu betrachten. Hierbei geht es darum, sich an frühere Denk- und Verhaltensweisen zu erinnern: *Wie hätte ich als Kind auf dieses Problem reagiert? Hätte ich es damals überhaupt als Problem empfunden? Wie unbeschwert oder kreativ wäre ich mit dieser Situation umgegangen?* Oft hilft dieser Perspektivwechsel dabei, die Dramatik eines Problems zu relativieren und einen spielerischeren, unverkrampften Umgang mit Herausforderungen zu finden.

Im Gegensatz dazu ermutigt die Pessimisten-Brille den Klienten, sich bewusst auf die negativen Seiten des Problems zu konzentrieren. Auch wenn dies auf den ersten Blick kontraproduktiv erscheinen mag, kann es wertvolle Erkenntnisse liefern: *Was ist das Schlimmste, das passieren könnte? Welche Risiken gibt es? Welche Befürchtungen und Ängste beeinflussen mich unbewusst?* Indem der Klient diese negativen Gedanken offen zulässt, kann er sie gezielt hinterfragen und überprüfen, ob sie realistisch oder eher überzogen sind. Oft wird dadurch deutlich, dass viele Sorgen irrational sind oder dass es bereits Möglichkeiten gibt, mit den schlimmsten Szenarien umzugehen.

Schließlich ermöglicht die Zukunfts-Ich-Brille eine besonders weitsichtige Perspektive. Der Klient wird dazu angeregt, sich selbst einige Jahre in der Zukunft vorzustellen und rückblickend auf sein aktuelles Problem zu schauen: *Wird dieses Problem in fünf oder zehn Jahren noch relevant sein? Wie werde ich später über meine heutige Situation denken? Welche Entscheidungen könnten mich langfristig zufriedener machen?* Oft wird durch diese Perspektive deutlich, dass viele Sorgen und Herausforderungen nur vorübergehender Natur sind und dass es sich lohnt, langfristige statt kurzfristige Lösungen zu suchen.

Indem der Klient jede Brille nacheinander aufsetzt und aktiv aus der jeweiligen Rolle spricht, wird das Problem aus vielen verschiedenen Blickwinkeln beleuchtet. Dieser Prozess fördert nicht nur das flexible Denken, sondern hilft auch dabei, festgefahrene Denkmuster zu erkennen und zu durchbrechen. Nach dem

Durchlaufen aller Perspektiven reflektiert der Klient, welche Brille ihm besonders geholfen hat, einen neuen Zugang zu seinem Problem zu finden. Dabei stellt
er sich Fragen wie: *Welche Sichtweise fühlte sich am stimmigsten an? Welche Perspektive war überraschend oder besonders erhellend? Welche war möglicherweise
wenig hilfreich?*

Abschließend entscheidet der Klient, welche Brille er imaginär weiterhin
„tragen" möchte, um sein Problem aktiv zu lösen. Dieser bewusste Entschluss
stärkt seine Fähigkeit, konstruktive Denkweisen gezielt zu nutzen und aus neuen
Einsichten konkrete Handlungsschritte abzuleiten. Durch das bewusste Wechseln der Sichtweisen erweitert sich sein Blickwinkel, was nicht nur kreative
Lösungsansätze ermöglicht, sondern auch das Vertrauen in die eigene Problem-
lösekompetenz stärkt. Die Übung regt zur intensiven Auseinandersetzung mit der
eigenen Situation an und fördert die Fähigkeit, sich gedanklich zu verändern –
ein entscheidender Schritt auf dem Weg zur Selbsthilfe und zu einer nachhaltigen
Lösung des Problems.

3.1.8   Der Unterstützer-Stuhl

Bei geringem Selbstvertrauen

Der Unterstützer-Stuhl ist eine einfühlsame und wirkungsvolle Übung, die insbesondere junge Menschen dabei unterstützt, in schwierigen Situationen Vertrauen
in sich selbst und innere Stärke zu entwickeln. Gerade in herausfordernden
Momenten, in denen Zweifel, Ängste oder Unsicherheiten aufkommen, kann
diese Technik helfen, sich mental zu stabilisieren und eine positive innere Haltung
einzunehmen.

Um die Übung durchzuführen, wird im Beratungs-, Unterrichts- oder Klassenraum ein leerer Stuhl aufgestellt. Dieser Stuhl dient als symbolischer Ort der Unterstützung. Der Berater, Lehrer oder Gruppenleiter erklärt den Teilnehmenden, dass sie sich vorstellen können, dass auf diesem Stuhl eine Person, ein Tier oder eine Figur sitzt, die an sie glaubt, sie unterstützt und ihnen in schwierigen Situationen Mut zuspricht. Diese vorgestellte Bezugsperson kann ganz individuell gewählt werden – es kann ein nahestehender Mensch wie ein Familienmitglied oder Freund sein, aber auch eine inspirierende historische Persönlichkeit, eine fiktive Figur oder sogar ein imaginäres Wesen, das Schutz und Ermutigung vermittelt.

Sobald die Teilnehmenden eine Vorstellung davon haben, wer oder was auf diesem Stuhl Platz nehmen könnte, werden sie ermutigt, sich gedanklich mit dieser Unterstützung zu verbinden. Dies kann auf verschiedene Weise geschehen: durch einen kurzen Blick zum Stuhl, eine bewusste Körperhaltung, das Zuwenden mit den Füßen oder das Abrufen eines inneren Bildes. Wer möchte, kann sich auch leise oder in Gedanken vorstellen, welche Worte der Unterstützer sagen würde. Aussagen wie *„Du schaffst das!"*, *„Ich glaube an dich!"* oder *„Du bist nicht allein"* können helfen, in belastenden Momenten innere Ruhe und Stärke zu finden.

Diese Übung kann sowohl in akuten Stresssituationen als auch präventiv angewendet werden. Indem die Klienten lernen, sich bewusst an eine unterstützende Kraft zu wenden, verankern sie nach und nach das Gefühl, nicht allein zu sein und auf innere sowie äußere Ressourcen zurückgreifen zu können. Dies stärkt nicht nur das Selbstvertrauen, sondern fördert auch die Fähigkeit zur Selbstregulation in emotional herausfordernden Situationen.

Darüber hinaus kann der Unterstützer-Stuhl auch in Gruppen genutzt werden, um ein Gefühl der Gemeinschaft und gegenseitigen Unterstützung zu fördern. In einem gemeinsamen Austausch können die Teilnehmenden darüber sprechen, welche Personen oder Figuren ihnen Kraft geben und wie sie diese mentale Unterstützung in ihren Alltag integrieren können.

Langfristig hilft die Übung den Klienten dabei, eine innere Ressource zu entwickeln, auf die sie jederzeit zurückgreifen können – sei es in Prüfungssituationen, bei sozialen Herausforderungen oder in Phasen der Unsicherheit. Der Stuhl wird so zu einem sichtbaren Symbol für Unterstützung, das jederzeit aktiviert werden kann, um Zuversicht, Mut und innere Stärke zu mobilisieren.

3.1.9   Der Schlüssel

Bei fehlender Selbstwirksamkeit
Ein Schlüssel kann zu Beginn einer Beratung als kraftvoller Anker dienen, der
sowohl den Prozess als auch die Zielsetzung einleitet.

Du kannst deinen Klienten beispielsweise fragen: *„Mit welchem belastenden
Thema möchtest du gerne abschließen?"* Solche zielgerichteten Fragen helfen
dem Klienten, seine Erwartungen zu reflektieren und seine Wünsche präzise
zu formulieren. Am Ende des Gesprächs überreichst du dem Klienten symbolisch einen Schlüssel, der als Erinnerung an seine eigenen Lösungsfähigkeiten
fungiert. Erkläre ihm, dass der Schlüssel ihn daran erinnern soll, dass er die
Fähigkeit besitzt, Herausforderungen zu meistern, neue Wege einzuschlagen und
Altes abzuschließen. Der Schlüssel steht außerdem für die Tür zu neuen Möglichkeiten und Perspektiven. Er erinnert den Klienten daran, dass er selbst die
Kontrolle über seinen Weg hat und sich aktiv für Veränderungen entscheiden
kann. Der Schlüssel wird so zu einem motivierenden Begleiter im Alltag. Er
bestärkt den Klienten, Verantwortung für seinen eigenen Prozess zu übernehmen
und Vertrauen in seine persönliche Entwicklung zu finden.
   Der symbolische Akt kann besonders bei belastenden Themen helfen, emotionale Barrieren zu überwinden und die eigene innere Stärke zu aktivieren. Diese
Technik verbindet Tiefgang mit einfacher Symbolik und zeigt auf, wie wichtig es
ist, die eigenen Ressourcen bewusst wahrzunehmen.

3.1.10 Die Tür der Möglichkeiten

Zur Aktivierung der Ressourcen

Zu Beginn stellen sich Pädagoge und Klient vor eine fremde, nicht gläserne Tür im Gebäude. Diese Tür repräsentiert eine Gelegenheit oder einen neuen Weg im Leben des Klienten – eine Entscheidung, eine Veränderung oder eine Chance, die er bisher vielleicht nicht in Betracht gezogen hat. Die Tür steht für das Unbekannte und das, was jenseits der aktuellen Situation liegen könnte.

Der Klient wird eingeladen, diese Tür symbolisch zu öffnen. Lasse ihn dabei die Türklinke berühren. Dabei wird er angeregt, sich vorzustellen, welche neuen Möglichkeiten, Chancen oder Potenziale hinter der Tür liegen könnten. Welche Wege würden sich auftun, wenn diese Tür geöffnet wird? Welche Veränderungen könnte der Klient wagen, um sich selbst weiterzuentwickeln? Welche Fähigkeiten und Ressourcen, die vielleicht noch nicht entdeckt wurden, könnten nun zugänglich werden?

Diese Technik ermutigt den Klienten, seine gewohnten Denkmuster zu hinterfragen und sich neuen Ideen oder Wegen zu öffnen. Sie fördert die Bereitschaft zur Veränderung und unterstützt ihn dabei, neue Chancen zu erkennen, die mit einer Veränderung verbunden sein könnten. Die Tür der Möglichkeiten hilft, das eigene Potenzial zu erweitern und mit einem offenen Blick nach vorne zu schauen. Sie erinnert daran, dass hinter jeder Tür neue Chancen darauf warten, ergriffen zu werden – wenn der Klient bereit ist, den ersten Schritt zu gehen.

3.1.11 Das Blatt

Bei Unzufriedenheit/Einstieg ins Gespräch

Der Einsatz eines einfachen Blattes Papiers kann eine wirkungsvolle Methode sein, um Zufriedenheit oder Unzufriedenheit in verschiedenen Lebensbereichen greifbar zu machen. Besonders für Klienten, die Schwierigkeiten haben, ihre Gefühle verbal auszudrücken, bietet diese Übung eine nonverbale Möglichkeit, ihre aktuelle emotionale Verfassung darzustellen. Das Papier dient dabei als Symbol für einen bestimmten Lebensbereich, der momentan als problematisch wahrgenommen wird.

Zu Beginn der Übung wird der Klient gebeten, sich einen Lebensbereich auszusuchen, in dem aktuell Unzufriedenheit besteht. Dies kann beispielsweise die Schule, der Beruf, eine familiäre Beziehung oder die eigene Gesundheit sein.

Das unversehrte Blatt Papier steht für den gesamten Zustand dieses Bereichs. Anschließend wer Klient aufgefordert, so viel von diesem Blatt abzureißen, wie es der empfundenen Unzufriedenheit entspricht. Empfindet er nur eine leichte Unzufriedenheit, wird er möglicherweise nur eine kleine Ecke abreißen. Ist die Unzufriedenheit hingegen stark ausgeprägt, kann ein großer Teil des Papiers entfernt werden, bis es kaum noch vorhanden ist.

Durch diese einfache, aber anschauliche Handlung wird das Ausmaß der empfundenen Belastung sichtbar und spürbar gemacht. Oft fällt es Menschen schwer, ihre Emotionen in Worte zu fassen, sei es aufgrund von Unsicherheit, mangelnder Reflexion oder emotionaler Überforderung. Die Übung ermöglicht es, ein Gefühl ohne direkte verbale Äußerung darzustellen und bietet eine alternative Ausdrucksform. Zudem kann das Abreißen des Papiers selbst bereits als kleine, symbolische Handlung des Loslassens oder der Veränderung wahrgenommen werden.

Nach dem Abreißen folgt eine Reflexion über das entstandene Papierstück. Die beratende Fachkraft kann Fragen stellen wie: *„Was fällt dir auf, wenn Du* *dein Blatt jetzt betrachtest?"* oder *„Wie fühlt es sich an, dieses Stück entfernt zu haben?"* Dies bietet die Möglichkeit, über das Problem ins Gespräch zu kommen, ohne es direkt benennen zu müssen. Gleichzeitig kann auch thematisiert werden, welche Aspekte des Lebensbereichs noch erhalten sind, also was trotz der Unzufriedenheit als stabil oder positiv wahrgenommen wird.

Die Methode eignet sich besonders gut als Einstieg in Beratungsgespräche, um einen ersten Zugang zu den Gefühlen der Klienten zu schaffen. Sie kann sowohl in Einzelgesprächen als auch in Gruppen genutzt werden, indem Teilnehmende ihre abgerissenen Papierstücke miteinander vergleichen und über ihre individuellen Wahrnehmungen ins Gespräch kommen. Letztlich ermöglicht diese Übung eine visuelle und taktile Auseinandersetzung mit der eigenen Gefühlslage und unterstützt dabei, Problembereiche nicht nur wahrzunehmen, sondern auch über mögliche Veränderungen nachzudenken.

3.1.12 Der Stein

Bei Belastungen
  Eine praktische und symbolische Technik, die dem Klienten hilft, belastende Gedanken oder Ereignisse loszulassen.

Der Klient sucht sich zu Beginn einen passenden Stein aus – die Größe und das Gewicht des Steins sollen das Ausmaß der Belastung oder des belastenden Ereignisses widerspiegeln, das er aktuell trägt. Dieser Stein symbolisiert somit die Sorgen oder negativen Gedanken, die der Klient mit sich herumträgt. Nachdem der Klient den Stein ausgewählt hat, wird er dazu angeleitet, diesen Stein physisch loszulassen, wenn er bereit dazu ist. Dies kann durch das gemeinsame Wegwerfen des Steins in einen See, auf ein Feld oder an einen anderen Ort geschehen. Der physische Akt des Wegwerfens steht symbolisch für das Loslassen der Belastung und hilft dem Klienten, das Gewicht der negativen Gedanken oder Erfahrungen abzugeben.

Die Übung ermöglicht es dem Klienten, seine Belastungen auf eine greifbare und sichtbare Weise abzulegen, wodurch er das Gefühl bekommt, sich von der Last zu befreien und Kontrolle über die eigene emotionalen Prozesse zurückzugewinnen.

Als Erweiterung kann auf den Stein das Problem oder die belastende Situation geschrieben oder auch gemalt werden.

3.1.13 Der Luftballon

Bei inneren Spannungen

Die Luftballon-Übung ist eine anschauliche und wirkungsvolle Technik, die Klienten dabei hilft, sich mit einer belastenden Situation oder Sorge auseinanderzusetzen und bewusst zu entscheiden, wie sie mit diesem Problem umgehen möchten. Sie bietet eine Erfahrung, die das innere Erleben greifbar macht und dabei unterstützt, sich aktiv mit der eigenen Belastung auseinanderzusetzen.

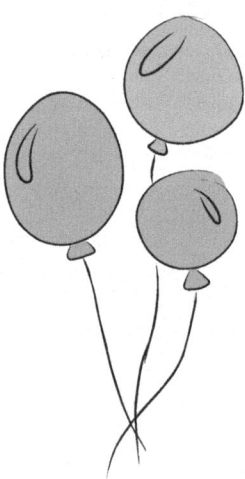

Zu Beginn der Übung schreibt der Klient eine belastende Situation, eine Angst oder eine Sorge auf einen Zettel. Anschließend steckt er diesen Zettel in einen

Luftballon und wird gebeten, den Ballon aufzublasen. Das Aufblasen symbolisiert die zunehmende Intensität des Problems und macht erfahrbar, wie sich eine Belastung mit der Zeit verstärken kann. Mit jedem Atemzug wächst der Ballon und wird praller, wodurch der Klient die steigende Spannung körperlich spüren kann – genau wie bei emotionalen Belastungen, die sich mit der Zeit verstärken, wenn sie nicht bearbeitet oder losgelassen werden. Nun steht der Klient vor einer wichtigen Entscheidung: Wie möchte er mit dieser Belastung umgehen? Er hat drei verschiedene Möglichkeiten.

Eine Option besteht darin, den Ballon zu verknoten. Dies symbolisiert die bewusste Akzeptanz des Problems – der Klient entscheidet sich, die belastende Situation so anzunehmen, wie sie ist, ohne aktiv an einer Veränderung zu arbeiten. Diese Entscheidung kann bedeuten, dass er lernt, mit der Situation zu leben, ohne sich davon überwältigen zu lassen.

Die zweite Möglichkeit besteht darin, die Luft langsam aus dem Ballon entweichen zu lassen. Dies steht für eine schrittweise Auseinandersetzung mit dem Problem. Der Klient erkennt die Belastung an und entscheidet sich bewusst, sie Stück für Stück loszulassen oder aktiv daran zu arbeiten. Dabei kann er sich überlegen, welche Maßnahmen ihm helfen könnten, das Problem zu bewältigen, und wie er sich nach und nach von der emotionalen Last befreien kann.

Die dritte Option ist das Platzenlassen des Ballons. Dies symbolisiert das plötzliche Loslassen der Sorge oder des Problems. Der laute Knall kann als befreiendes Signal dienen, dass der Klient sich bewusst von der belastenden Situation trennt und sie hinter sich lässt. Dies kann vor allem dann sinnvoll sein, wenn es sich um eine Sorge handelt, die nicht mehr relevant oder veränderbar ist und die der Klient nicht länger mit sich tragen möchte.

Diese Übung stärkt das Bewusstsein des Klienten für seine eigenen Denkmuster und zeigt ihm, dass er die Kontrolle darüber hat, wie er mit seinen Belastungen umgeht. Sie verdeutlicht, dass er die Wahl hat, ob er sich mit einem Problem intensiv auseinandersetzen, es allmählich loslassen oder sich bewusst davon trennen möchte. Durch die aktive Entscheidung für eine der drei Handlungsoptionen kann der Klient lernen, Probleme bewusster zu betrachten und seine eigene Handlungsfähigkeit zu erkennen. Dies kann dazu beitragen, innere Spannungen zu lösen, neue Perspektiven zu entwickeln und langfristig mehr Kontrolle, Gelassenheit und Selbstwirksamkeit im Umgang mit schwierigen Situationen zu gewinnen.

3.1.14 Der Bilderrahmen

Bei nötigem Perspektivwechsel

Diese Technik nutzt einen einfachen Bilderrahmen, um den Klienten zu unterstützen, eine neue Perspektive auf stressige oder herausfordernde Situationen zu entwickeln. Sie fördert das Bewusstsein dafür, wie wichtig es ist, die eigene Sichtweise zu hinterfragen und bei belastenden Gedanken bewusst den Blickwinkel zu verändern, um inneren Stress zu reduzieren und Lösungen zu finden.

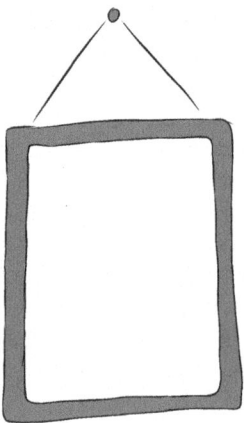

Der Klient hält einen Bilderrahmen in den Händen und wird gebeten, diesen vor sich zu halten. Der Bilderrahmen dient als Symbol für die Art und Weise, wie eine Person eine einzelne Situation wahrnimmt. Der Klient soll den Rahmen in verschiedene Richtungen bewegen – nach oben, unten, zur Seite – und dabei auf einen Gegenstand oder ein Bild schauen. Jede Veränderung des Rahmens steht für eine neue Sichtweise auf die ausgewählte Situation.

Diese Übung fördert die Fähigkeit, eine stressige oder belastende Situation mit einem anderen Blickwinkel zu betrachten. Sie zeigt, dass es oft hilfreich ist, sich bewusst zu fragen, ob es eine andere Sichtweise auf das Problem gibt, die zu einer entspannteren oder lösungsorientierteren Haltung führt. Der Wechsel der Perspektive ermöglicht es, aus festgefahrenen Gedankenmustern auszubrechen und neue Wege zur Bewältigung von Herausforderungen zu finden.

3.1.15 Der Spiegel

Bei Selbstunsicherheiten

Eine Übung, die den Klienten dazu ermutigen soll, sich selbst für seine positiven Eigenschaften und Stärken anzuerkennen, um das Selbstwertgefühl zu steigern und Selbstzweifel abzubauen.

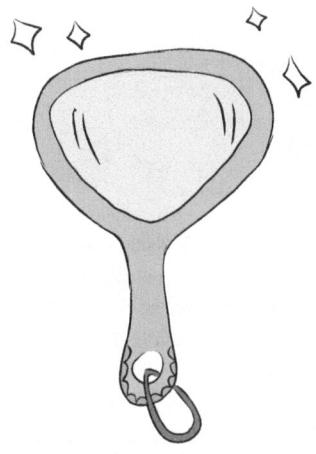

In der Übung stellt sich der Klient vor einen Spiegel und wird aufgefordert, sich selbst Komplimente zu machen – und zwar nicht nur für das äußere Erscheinungsbild, sondern vor allem für innere Qualitäten wie Kreativität, Empathie, Geduld oder Durchhaltevermögen. Der Klient spricht laut aus, was er an sich selbst schätzt, zum Beispiel: *„Ich bin einfühlsam und achtsam im Umgang mit anderen"* oder *„Ich bin geduldig und behalte auch in schwierigen Situationen die Ruhe."* Dies hilft, das Selbstwertgefühl zu stärken und eine positive Selbstwahrnehmung zu fördern. Nach der Übung reflektiert der Berater mit dem Klienten, wie er sich beim Sprechen der Komplimente gefühlt hat: Fiel es ihm leicht oder schwer, etwas Positives zu sagen? Die Reflexion hilft dabei, etwaige Blockaden zu erkennen und zu überwinden.

Der Spiegel ist eine einfache, aber wirkungsvolle Methode, um das Selbstwertgefühl zu fördern und den Klienten zu ermutigen, sich selbst die Anerkennung zu schenken, die sie verdienen

Sollte der Klient sich schämen, vor dir zu Worte laut auszusprechen, kann er sie alternativ auch aufschreiben.

3.1.16 Die Korken

Bei Selbstunsicherheiten

Eine anschauliche Technik, die dazu dient, einem Klienten die Kraft seiner eigenen Stärken bewusst zu machen und zu verdeutlichen, dass diese auch in schwierigen Phasen bestehen bleiben.

Für die Übung wird eine Schüssel Wasser vorbereitet, die symbolisch für ein aktuelles Problem des Klienten steht. Zusätzlich werden mehrere Korken bereitgelegt, von denen jeder für eine besondere Stärke des Klienten steht. Der Klient wird aufgefordert, die Korken nacheinander ins Wasser zu drücken und sie dann wieder loszulassen.

Das Drücken unter Wasser symbolisiert das temporäre Untertauchen der Stärken. Sobald der Klient die Korken loslässt, steigen diese sofort wieder an die Oberfläche. Dies zeigt auf eine einprägsame Weise, dass innere Stärken selbst in belastenden Situationen nicht verschwinden, sondern weiterhin vorhanden sind.

Während der Übung beobachtet der Klient bewusst, wie die Korken immer wieder auftauchen, egal wie oft sie unter Wasser gedrückt werden. Diese Beobachtung verdeutlicht, dass die eigenen Fähigkeiten und Ressourcen auch in schwierigen Zeiten zur Verfügung stehen, selbst wenn sie vorübergehend verdeckt erscheinen. Abschließend kann der Klient reflektieren, welche seiner Stärken ihm besonders in der aktuellen Problemlösung helfen könnten und wie er diese gezielt einsetzen kann.

Diese Technik hilft dabei, die Selbstwirksamkeit zu stärken und gibt dem Klienten ein Gefühl von Zuversicht und Kontrolle. Sie zeigt symbolisch, dass Probleme nicht die eigenen Ressourcen aufheben und dass innere Stärken wie Resilienz, Mut oder Kreativität immer wieder ans Licht kommen und zur Lösung beitragen können.

3.1.17 Die Flaschenpost

Bei nötigen Anstößen
Die Flaschenpost ist eine kraftvolle und symbolische Technik, die den Klienten dabei unterstützt, belastende Gedanken oder Sorgen bewusst loszulassen. Sie kann hervorragend mit der Brief an mich selbst-Methode kombiniert werden.

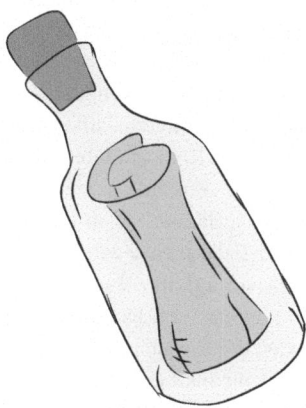

Zu Beginn schreibt der Klient einen Brief, in dem er seine Ängste, Sorgen oder problematischen Situationen formuliert, mit denen er sich aktuell konfrontiert sieht. Dieser Brief ermöglicht es ihm, seine Gedanken zu klären und seine Emotionen greifbar zu machen. Wichtig dabei ist, dass der Klient bewusst ein Datum in der Zukunft festlegt und in den Brief notiert, an dem die Flaschenpost ihm wieder zugänglich gemacht werden könnte – sei es durch einen Finder oder durch ihn selbst. Der Brief wird anschließend in einer wasserfesten Flasche versiegelt, die als Schutz für diese belastenden Gedanken und gleichzeitiger Ausdruck des Loslassens dient. Der Klient hat nun die Wahl, die Flasche an einem besonderen Ort zu verwahren, sie symbolisch an einem Gewässer ihrem Weg überlassen oder durch eine andere Geste das Loslassen zu visualisieren. Dies hilft, sich mental von den Belastungen zu trennen und Raum für neue Gedanken und Perspektiven zu schaffen.

Die Flaschenpost wird zu einem Symbol für die Bereitschaft, sich von alten Belastungen zu lösen und Platz für neue Perspektiven zu schaffen. Sie erinnert den Klienten daran, dass das Loslassen eine aktive Entscheidung ist, die Mut und Vertrauen erfordert – und dass auch Belastungen irgendwann davontreiben können, wenn wir sie ziehen lassen.

3.2   Ein Fall aus der Praxis

Als Sozialpädagogin betreue ich eine 20-jährige Teilnehmerin in einer Maßnahme, die anfangs sehr unauffällig war und sich stets im Hintergrund hielt. Sie
war eine ruhige, zurückhaltende junge Frau, die in Gesprächen nur mit wenigen,
einfachen Sätzen antwortete, aber immer signalisiert hat, dass sie verstand, was
ihr gesagt wurde. Ihre Lebensgeschichte war von früh an schwierig: Ihre Mutter war häufig abwesend, oft im Urlaub mit ihrem neuen Partner, und kümmerte
sich wenig um ihre Tochter. In dieser Zeit musste meine Teilnehmerin nicht nur
für sich selbst sorgen, sondern auch für ihr jüngeres Geschwisterkind, den Haus-
halt übernehmen und Verantwortung tragen – alles ohne die Unterstützung einer
stabilen Bezugsperson. Trotz ihres Realschulabschlusses war sie unsicher, was
sie beruflich machen wollte. Ihre Zukunft schien unklar und sie war auf der
Suche nach Orientierung. Doch je länger sie in der Maßnahme war, desto mehr
zog sie sich emotional zurück. Es war, als würde sie sich immer weiter in sich
selbst verschließen. Wenn ich sie auf ihre immer wiederkehrende Abwesenheit
ansprach, sagte sie nur, dass „nichts" sei. Doch ich spürte, dass mehr hinter ihrer
Zurückhaltung steckte – etwas, das sie nicht in Worte fassen konnte oder wollte.

Zunächst versuchte ich, mit ihr ins Gespräch zu kommen, indem ich spielerische Methoden anwandte. Ich wusste, dass sie sich emotional auf einem anderen
Entwicklungsstand befand, der sich nicht an ihrem chronologischen Alter orien-
tierte. Durch spielerische Ansätze wollte ich eine Verbindung zu ihr herstellen
und ihr Raum geben, sich zu öffnen. Und tatsächlich – mit kleinen Übungen, bei
denen wir beispielsweise durch Kartenbilder oder einfache Rollenspiele kommu-
nizierten, bemerkte ich eine Veränderung. Sie begann zu lächeln, und ich konnte
für kurze Momente eine leichtere Stimmung wahrnehmen. Es schien, als würde
sie die spielerischen Methoden als weniger bedrohlich empfinden und sie öffnete
sich in diesen Momenten ein kleines Stück mehr. Doch trotz dieser kleinen Fortschritte blieb sie in Bezug auf ernste Themen blockiert. Sobald ich versuchte,
auf tiefere, schmerzhafte Themen einzugehen, zog sie sich wieder zurück. Ihre
Mimik verhärtete sich, und sie begann, das Gespräch zu blockieren.

Es war klar, dass sie mit ihren Gefühlen und Erlebnissen noch nicht bereit war,
sich auseinanderzusetzen. Trotzdem war ich entschlossen, künftig einen Weg zu
finden, wie ich ihr helfen konnte, ohne sie zu überfordern.

Ein paar Wochen später entschied ich mich, ihr den Unterstützer-Stuhl anzu-
bieten – eine Übung mit einem einfachen Alltagsgegenstand, die ich in der
Vergangenheit schon einige Male mit anderen Klienten verwendet hatte, um ihnen
eine Art emotionalen Halt zu bieten. Der Stuhl stand in der Ecke meines Büros,
mit grauen Stuhlbeinen und einer schwarzen ledrigen Sitzfläche, unscheinbar und

doch sehr bedeutungsvoll. Ich erklärte ihr, dass dieser Stuhl nicht leer sei, sondern sie jemanden oder etwas darauf vorstellen solle, das ihr Kraft gibt – eine Person, ein Tier oder eine fiktive Gestalt, die immer über sie wacht und ihr in schwierigen Momenten zur Seite steht. Es war eine Einladung, ihre Gedanken in eine sichere Richtung zu lenken, etwas außerhalb sich selbst zu visualisieren, das ihr Halt gibt. Sie dachte kurz nach, und ich konnte förmlich sehen, wie ihre Gedanken langsam begannen, sich zu formieren. Ihre Züge wurden weicher, sie blickte in die Ecke des Raumes, wo der Stuhl stand und begann, sich die Figur vorzustellen. Nach einem kurzen Moment der Stille öffnete sie sich zögernd. Sie erzählte mir, dass sie vor kurzem, während eines Aufenthalts bei ihrem Großvater, Opfer von körperlicher und sexueller Gewalt wurde. Ihre Mutter war einmal wieder mit ihrem neuen Freund im Urlaub, und sie musste einige Tage bei ihrem Großvater verbringen. Es war das erste Mal, dass sie diese grausamen Erlebnisse aussprach. Die Worte kamen nur sehr zögernd, als wären sie schwer wie Blei, aber der Unterstützer-Stuhl und die Vorstellung der schützenden Figur hatten es ihr ermöglicht, sich auf eine Weise auszudrücken, die sie zuvor nicht gewagt hätte. Im Laufe eines späteren Gesprächs stellte sich heraus, dass sie den Mut fand, eine Anzeige zu erstatten.

Dieser Schritt war für sie von enormer Bedeutung, und sie tat dies, während sie immer wieder an die fiktive Gestalt auf dem Stuhl dachte, die ihr Sicherheit und Kraft vermittelte. Der Stuhl hatte für sie eine Symbolkraft, die ihr half, ihre Ängste zu überwinden und die Schwere der Situation anzuerkennen. Sie fühlte sich durch diese Vorstellung stärker und nicht mehr alleine.

Die Kombination aus spielerischen Übungen und der Kraft des Unterstützer-Stuhls zeigte mir, wie wichtig es ist, den Zugang zu den Teilnehmenden auf die richtige Weise zu finden. Die spielerischen Ansätze halfen ihr, sich zu öffnen und Vertrauen zu fassen, während der Stuhl ihr den emotionalen Raum gab, sich ihren eigenen, tief vergrabenen Erlebnissen zu stellen. Die Zögerlichkeit und Blockaden waren nicht sofort verschwunden, aber der Stuhl schuf einen sicheren Raum, in dem sie ihre Geschichte teilen konnte.

In diesem Moment wurde mir wieder einmal bewusst, wie kraftvoll es sein kann, den Teilnehmenden durch die Anwendung einfacher und symbolischer Gegenstände eine Unterstützung zu bieten – eine Unterstützung, die nicht nur im Gespräch, sondern auch in der Vorstellung eine wichtige Rolle spielt. Der Unterstützer Stuhl war für sie mehr als ein einfaches Hilfsmittel. Er wurde zu einem Symbol für ihre innere Stärke, und ich bin dankbar, dass sie diesen Schritt, so klein er auch war, gehen konnte.

3.3   Fazit für die Praxis

Das gezielte Einsetzen von Gegenständen in der pädagogischen Arbeit bietet eine
wertvolle Möglichkeit, komplexe und abstrakte Themen auf eine konkrete und
erfahrbare Weise zugänglich zu machen. Besonders in der Arbeit mit Kindern,
Jugendlichen oder Menschen mit Kommunikationsbarrieren kann der "spielerische" Einsatz von Objekten das Verständnis erleichtern und eine emotionale
Sicherheit bieten. Durch das haptische Erleben oder die symbolische Nutzung von
Objekten werden innere Prozesse und Herausforderungen greifbar und können in
einem geschützten Raum bearbeitet werden.

Techniken des Einsatzes von Gegenständen
Gegenstände können auf vielfältige Weise eingesetzt werden, um innere Prozesse
oder komplexe Themen zu veranschaulichen. Ein zentraler Aspekt ist die *symboli-
sche Repräsentation.* Hierbei stehen die Gegenstände stellvertretend für bestimmte
Gedanken, Gefühle oder Herausforderungen, die der Klient möglicherweise nur
schwer in Worte fassen kann. Ebenso dienen sie auf der anderen Seite auch als
Anker oder Augenöffner. Diese symbolische Funktion ermöglicht es, auf einer nicht-
verbalen Ebene mit dem Thema zu arbeiten und es so in seiner Tiefe zu begreifen.
Es eröffnet eine Brücke zwischen inneren Welten und der äußeren Realität, indem
Gegenstände als "Spiegel" für die innere Erlebniswelt genutzt werden.

Ein weiterer wichtiger Aspekt ist das *haptische Erleben,* bei dem der Klient durch
das Berühren, Umformen oder Gestalten von Gegenständen intensiver in die Auseinandersetzung mit einem Thema eintauchen kann. Diese körperliche Erfahrung
fördert das Verständnis, da sie sowohl den kognitiven als auch den emotionalen
Bereich anspricht. Die Verarbeitung über die Sinne kann dabei helfen, abstrakte
Konzepte greifbar und erlebbar zu machen, was insbesondere für Menschen mit
Kommunikationsbarrieren von großer Bedeutung ist. Das "Fühlen" und "Gestalten"
wird so zu einem wichtigen Bestandteil des Reflexionsprozesses.

Zusätzlich bieten *Visualisierungsmethoden* eine weitere Technik, um komplexe
Strukturen oder Beziehungen darzustellen. Gegenstände können helfen, abstrakte
Ideen zu konkretisieren und die Beziehungen zwischen verschiedenen Elementen
visuell darzustellen. Dies fördert das Verständnis, da visuelle Darstellungen oft
leichter zu begreifen sind als rein verbale Erklärungen. Gerade in der Arbeit mit
jungen Klienten oder Menschen, die sich schwer auf verbale Kommunikation stützen
können, bieten diese Methoden eine wertvolle Unterstützung.

Vorteile des Einsatzes von Gegenständen
Der Einsatz von Gegenständen in der pädagogischen Arbeit bietet zahlreiche Vorteile, die den Zugang zu komplexen Themen erheblich erleichtern.

- *Spielerische Anwendung:* Besonders bei jungen Klienten oder Personen, die Schwierigkeiten haben, sich verbal auszudrücken, kann die Verwendung von Gegenständen den Einstieg in schwierige Themen ermöglichen. Der spielerische Charakter des Umgangs mit den Objekten nimmt den Druck aus der Situation und schafft eine entspannte Atmosphäre, die das Vertrauen fördert.
- *Anregung zu einem Perspektivwechsel:* Durch die Auseinandersetzung mit den Gegenständen werden neue Ideen und Sichtweisen entwickelt, die den Klienten helfen, ihre eigenen Gedanken und Gefühle besser zu verstehen und zu ordnen. Das Gestalten und Umformen der Objekte regt die Kreativität an und ermöglicht es, Themen aus verschiedenen Blickwinkeln zu betrachten.
- *Erlebtes nachhaltig im Gedächtnis verankern:* Studien zeigen, dass Erlebnisse, die mit körperlicher Aktivität sowie haptischen und visuellen Eindrücken verbunden sind, besser erinnert werden. Dies führt dazu, dass die Auseinandersetzung mit einem Thema tiefgreifender und langanhaltender ist. Besonders bei der Arbeit mit jungen Menschen oder Klienten, die möglicherweise eine geringe Aufmerksamkeitsspanne haben, kann dieser praktische Ansatz das Lernen und die Reflexion erheblich fördern.
- *keine umfangreiche Vorbereitung erforderlich:* Häufig können alltägliche Gegenstände genutzt werden, die sich bereits im Umfeld des Klienten befinden. Diese Alltagsgegenstände können dann in die Arbeit integriert werden und so eine Verankerung im Alltag bieten. Dies fördert nicht nur das Verständnis, sondern auch die Anwendung des Gelernten im täglichen Leben.

Schlüsselelemente für den erfolgreichen Einsatz von Gegenständen
Um den vollen Nutzen aus dem Einsatz von Gegenständen in der pädagogischen Arbeit zu ziehen, gibt es einige entscheidende Faktoren, die beachtet werden sollten.

- *Symbolik der Gegenstände.* Diese sollte individuell und nachvollziehbar für den Klienten sein. Jeder Klient bringt eine einzigartige Perspektive und eigene Erfahrungen mit, die in die Bedeutung der Gegenstände integriert werden sollten. Es ist wichtig, dass der Klient selbst Bedeutungen für die verwendeten Objekte findet, damit er sich mit ihnen identifizieren kann und eine tiefergehende Reflexion stattfindet.
- *Bedeutungsfindung:* Der Klient sollte die Möglichkeit haben, eigene Bedeutungen für den Gegenstand zu finden.

- *Eigene Reflexion bleibt zentral:* Gegenstände dienen lediglich als Unterstützung oder Anker, um die Auseinandersetzung mit einem Thema zu erleichtern und zu vertiefen. Es ist wichtig, dass der Klient die Gelegenheit erhält, seine eigenen Gedanken und Gefühle zu artikulieren, ohne dass die Gegenstände diesen Prozess überlagern oder zu einer bloßen Projektion werden. Sie sind ein Hilfsmittel, das die Kommunikation fördert, aber nicht ersetzt.

Zusammenfassend lässt sich sagen, dass der Einsatz von Gegenständen in der pädagogischen Arbeit ein äußerst effektives und vielseitiges Werkzeug darstellen kann. Durch die symbolische Repräsentation, das haptische Erleben und die Visualisierung komplexer Strukturen können abstrakte Themen auf eine greifbare und verständliche Weise vermittelt werden. Diese Techniken fördern kreative Denkprozesse, Perspektivwechsel und nachhaltige Erinnerungen. Besonders in der Arbeit mit jungen Klienten oder Menschen mit Kommunikationsbarrieren eröffnet der Einsatz von Gegenständen neue Zugänge zu schwierigen Themen und schafft eine Atmosphäre der Sicherheit und des Vertrauens. Die symbolische Bedeutung der Gegenstände sollte dabei stets individuell und nachvollziehbar sein, sodass sie den Reflexionsprozess optimal unterstützen, ohne ihn zu ersetzen.

Zusammenfassung und Ausblick

4

Die vorgestellten Methoden, Metaphern und Arbeit mit Gegenständen eröffnen neue Dimensionen in der pädagogischen Praxis und bieten Fachkräften wertvolle Werkzeuge, die sowohl die kognitive als auch die emotionale und kreative Ebene der Klienten ansprechen können. Diese Techniken schaffen eine tiefere Verbindung und ein besseres Verständnis der inneren Welt der Klienten und können es ermöglichen, herausfordernde Themen auf eine zugängliche und gleichzeitig wirkungsvolle Weise zu bearbeiten. Sie fördern wichtige Elemente, wie das Selbstbewusstsein und die Selbstreflexion der Klienten und stärken ihre Fähigkeit, Lösungen eigenständig zu entwickeln.

Die **Methoden,** die im Buch behandelt wurden, helfen dabei, den pädagogischen Prozess strukturiert und zielgerichtet zu gestalten. Sie bieten eine klare Orientierung und schaffen einen Rahmen, innerhalb dessen Klienten in ihrem eigenen Tempo arbeiten können. Diese Struktur hilft den Klienten, Sicherheit zu finden und die oft komplexen und chaotischen Gedanken zu ordnen. Die Methoden sind nicht nur hilfreich, um aktuelle Probleme zu lösen, sondern auch, um zukünftige Herausforderungen auf eine proaktive und kompetente Weise zu bewältigen. Indem sie die Klienten in die Lage versetzen, ihre eigenen Stärken und Fähigkeiten zu erkennen, tragen sie maßgeblich zur Entwicklung von Selbstwirksamkeit bei.

Die **Metaphern** wiederum haben das Potenzial, komplexe, oft schwer fassbare Themen auf eine verständliche, zugängliche Weise zu transportieren. Durch ihre bildhafte Struktur ermöglichen sie es, tiefere, oft unbewusste emotionale Ebenen anzusprechen. Metaphern schaffen neue Perspektiven und tragen dazu bei, dass Klienten ihr eigenes Problem aus einer distanzierten, reflektierten Sichtweise betrachten können. Sie öffnen Türen zu kreativen Lösungen und fördern sowohl kognitive als auch emotionale Prozesse.

Die **Arbeit mit Gegenständen** schließlich ermöglicht es, abstrakte Konzepte und innere Prozesse sichtbar und greifbar zu machen. Sie bieten Klienten die Chance, durch haptische und visuelle Erfahrungen mit ihren eigenen Herausforderungen in Kontakt zu treten und emotionale Blockaden zu lösen. Ob durch Symbole für Ängste, Sorgen oder Ressourcen – Gegenstände schaffen eine tiefe Verbindung zur inneren Welt des Klienten und fördern den kreativen Umgang mit schwierigen Themen.

Ein weiterer wichtiger Aspekt dieser Ansätze ist ihre Vielseitigkeit. Sie können in unterschiedlichen Kontexten und mit verschiedensten Klienten eingesetzt werden, von der Arbeit mit Kindern und Jugendlichen bis hin zur Erwachsenenbildung und -beratung. Besonders in schwierigen oder belastenden Lebenssituationen, in denen Klienten in ihrer Wahrnehmung und Problembewältigung festgefahren sind, bieten diese Techniken eine wertvolle Unterstützung. Sie schaffen Räume, in denen Klienten auf eine kreative und einfühlsame Weise an sich selbst arbeiten können, und ermöglichen es ihnen, neue Perspektiven zu gewinnen und Lösungen zu finden, die im direkten Gespräch möglicherweise nicht zugänglich wären.

Die Anwendung von Methoden, Metaphern und Gegenständen bedeutet nicht nur, Klienten bei der Bewältigung von Herausforderungen zu unterstützen, sondern auch, ihre Selbstwirksamkeit zu stärken und ihre Resilienz zu fördern. Diese Techniken helfen den Klienten, ihre eigenen Stärken und Ressourcen zu erkennen und zu aktivieren, was langfristig zu einer positiven Veränderung und einer gesteigerten Lebensqualität führen kann. Besonders in der Arbeit mit Menschen, die in schwierigen Lebensphasen oder Krisen stecken, bieten diese Ansätze eine wertvolle Möglichkeit, die persönliche Resilienz zu fördern und die Fähigkeit zur Selbsthilfe zu stärken.

Der Einsatz von Metaphern, Methoden und Gegenständen eröffnet zudem die Möglichkeit, neue therapeutische und pädagogische Ansätze zu entwickeln, die es Fachkräften ermöglichen, individuell auf die Bedürfnisse ihrer Klienten einzugehen und abweichend traditioneller Handlungen zu agieren. Dabei sind Kreativität und Empathie gefragt. Das Arbeiten mit diesen Instrumenten ist nicht nur eine Frage der Technik, sondern auch des Einfühlungsvermögens und des Respekts für den Klienten als Individuum. Diese Techniken fördern den Aufbau von Vertrauen und ermöglichen es den Fachkräften, auf eine respektvolle und gleichwertige Weise mit den Klienten zusammenzuarbeiten, was zu einer tiefen und nachhaltigen Veränderung führen kann.

Insgesamt zeigen die vorgestellten Ansätze, dass die pädagogische und therapeutische Arbeit nicht nur aus der Anwendung von Techniken besteht, sondern
vor allem auch ein kreativer und interaktiver Prozess ist, der von der Beziehung zwischen Fachkraft und Klient lebt. Die vorgestellten Methoden, Metaphern
und Techniken bieten ein breites Spektrum an Werkzeugen, die es den Fachkräften ermöglichen, die Klienten auf ihren individuellen Wegen zu begleiten und
deren Potenziale zur Problemlösung und persönlichen Entwicklung zu aktivieren.
Mit diesen Werkzeugen können Fachkräfte nicht nur akute Probleme adressieren,
sondern auch langfristig zur Förderung des emotionalen Wohlbefindens und der
persönlichen Resilienz der Klienten beitragen.

Der Ausblick auf die Zukunft der pädagogischen Arbeit zeigt, dass die
Kombination aus praktischen Techniken, emotionaler Intelligenz und kreativem
Ansatz einen grundlegenden Beitrag dazu leisten kann, die Herausforderungen der modernen Beratung und Pädagogik zu meistern. Besonders in einer
zunehmend komplexer werdenden Welt, in der psychische Gesundheit und emotionale Balance eine immer wichtigere Rolle spielen, bieten die vorgestellten
Ansätze wertvolle Unterstützungsmöglichkeiten. Die Techniken des Arbeitens
mit Metaphern, Methoden und Gegenständen ermöglichen es den Fachkräften,
ihren Klienten zu helfen, nicht nur in der Gegenwart zu bestehen, sondern
auch die Werkzeuge zu erlernen, die sie selbst benötigen, um zukünftigen
Herausforderungen selbstbewusst und zu begegnen.

The manufacturer's authorised representative in the EU is Springer
Nature Customer Service Centre GmbH, Europaplatz 3, 69115 Heidelberg,
Germany. If you have any concerns regarding our products, please
contact ProductSafety@springernature.com

Printed and bound by CPI Group (UK) Ltd, Croydon, CR0 4YY
28/04/2026
02098542-0004